KB234144

당신이 속고 있는
**재테크
불편한 진실
23가지**

당신이 속고 있는

재테크
불편한 진실
23가지

지금 우리는 비상식이 상식을 뒤집어엎는
재테크 시장의 거짓말에 속고 있다.

박연수 지음

圖書出版 오래

재테크로 부자된다는 말은 거짓말이다. 구조적으로 경제 시스템이 빈자를 양산하는 시대에 어떻게 개인의 노력만으로 부자가 될 수 있단 말인가. 사회 경제 시스템이 누구에게나 공정하게 작동되어야 한다. 그 다음에 가난을, 부자가 못되는 이유를 개인에게 물을 수 있다.

통장만 여러 개 만든다고 부자가 되는가. 통장을 여러 개 만들수록 금융회사만 좋은 일이다. 반면 개인은 금융회사와 거래가 늘어날수록 가난해진다. 지금 은행·보험사의 저축상품, 펀드 중에서 안정성을 담보하면서 실질금리가 물가지수 이상을 보장하는 상품이 있는가.

한국 금융시장에서의 재테크는 금융회사 배불리는 일에만 기여해 왔다. 전문가라는 자들은 금융회사를 위해서 일하고 그들이 나눠준 떡고물을 먹고 살 뿐이다. 이들에게 무슨 "객관"을 바라겠는가.

진정성 있는 재테크 책을 쓰고 싶다. 정말 이 책으로 많은 사람이 위로받고 희망이 더해지는 책을….

경쟁과 속도만이 최고의 가치가 되는 시대, 재테크 책이 과연 독자에게 무슨 의미를 가질까. 머릿속의 짧은 지식을 능숙하게 풀어내 그저 독자의 구미에 맞게 포장하는 것이 능사일리 없다.

적어도 지천명의 나이에 이른 저자라면….

인간의 일생도 변증법적으로 변한다.

청년의 열정과 정의가 반동의 시기를 거쳐 더 간절해진다.

내가 쓴 이 보잘 것 없는 책이 경쟁에 지친 사람들의 위로가 됐으면 그것으로 족하다.

재테크를 왜 하는지에 대한 근원적 질문을 스스로 해보자.

왜 재테크를 하는 것인가. 또 왜 이처럼 열광하고 있는가.

재테크 시장의 파이가 급속도로 커지면서 개인은 오히려 더 가난해지고 금융회사는 엄청나게 사세를 키웠다. 금융회사의 임원들의 급여는 재테크 붐이 일기 시작했던 1990년대 말과 비교해 15배나 올랐다.

그동안 재테크의 주체인 개인은 그들의 배만 채워 주었다. 이 얼마나 불공정한 일인가.

결론적으로 개인의 재테크 성적은 초라하고 돈과 기회비용만 날렸다.

재테크가 사람들의 경제 수준을 높이지도 못했고 행복지수는 오히려 떨어졌다.

일반적으로 인정되는 경제법칙에서는 "인간의 노력과 헌신에는 그에 합당한 적정한 보상이 뒤따라야 한다"고 말하고 있다.

경제적 효용성을 높이기 위해서 선택한 재테크가 그 반대의 효과만 가져온 꼴이다. 왜 이런 일이 반복되고 있는 것인가.

그 답을 찾아야 한다. 그 답은 대략 5가지로 정리해 볼 수 있다.

첫째, 재테크를 왜 하는지에 대한 목적이 명확해야 한다.

재테크는 단순히 돈을 더 벌기 위해 하는 것이 아니다. 삶의 질을 높여 행복하게 살고자 하는 인간의 욕구를 충족시키기 위해 하는 것이다.

한 인간의 행복지수를 측정하는 데 있어서 개인의 경제력은 30%만 영향력을 가진다. 그 이상으로 사회 안전망, 교육, 육아, 노후복지, 자연환경, 약자에 대한 배려 등의 사회적 가치들이 더 큰 영향을 미친다. GDP대비 우리나라의 사회복지 수준은 OECD 국가 중 꼴찌다. 문밖을 나서면 범죄에 노출되고 빈자의 눈물이 마를 날 없는 사회에서는 나만 잘 먹고 잘 살 수는 없는 것이다.

재테크 목적에 합당한 재테크를 하기 위해서는 두 가지의 문제를 동시에 추진해야 한다. 하나는 개인적으로 안정적인 소득 기반을 만들고 이것을 토대로 소득의 확대 재생산구조를 만드는 것이다. 또 하나는 사회 구성원의 행복지수가 최고화될 수 있게 불공정한 사회 시스템에 함께 저항하고 참여하는 일이다. 참여하고 행동하는 것만이 모두를 행복하게 할 수 있다.

둘째, 왜 가난이 개인만 책임질 문제인가.

가난은 개인만의 문제가 아니다. 현재의 경제 시스템에서는 가난은 구조적 문제에서 발생하고 있다.

비정규직 근로자는 잔업을 포함해 일주일에 50시간을 일해도 150만 원 이상을 받기 어렵다. 부의 양극화가 발생하는 근본적 원인은 임금의 차이에 있다. 동일한 생산 공장에서 동일한 작업을 하는 근로자가 정규직과 비정규직이냐에 따라 두 배 이상의 임금 차이가 발생하고 있는 것은 정상적 경제 시스템에서는 일어날 수 없는 일이다.

이렇게 노동 현장에서의 임금구조가 불평등한 차별이 존재하는 상황이 상수로 자리잡고 있는 한 가난을 개인의 문제로 보는 것은 정의롭지 않다.

개인의 가난의 문제는 임금구조의 불평등에 근본적 원인이 있다. 이 불평등한 구조가 깨지지 않는 한 대부분의 비정규직 근로자들은 노동을 통한 잉여소득을 저축해서 미래의 희망을 만들어 가는 데에 한계가 있다.

비정규직 근로자들이 게을러서 가난의 늪에 빠지는 것이 아니다. 잘못된 경제 시스템에서 원인을 찾아야 한다. 따라서 경제구조의 불공정을 탓하고 이를 개혁시켜야지 근로자에게 책임을 지울 수 있는 성질의 것이 니다.

핀란드에서는 아스팔트 타설공이 고소득 직군이다. 그들은 사람들이 꺼려하고 힘든 일을 하는 사람을 보호함으로써 사회통합을 이루는 것이 그 이상의 가치가 있다는 것에 모든 국민이 동의한다. 사람은 누구나 실패할 수 있고 사회의 보호에 의존해 살아갈 수 있는 처지가 될 수 있다. 나와 무관한 일이 결코 아니다. 사회적 약자를 보호하는 일은 결국 나를 위한 일이다.

인간의 탐욕을 방임하고 약자를 배려하지 않는 나라는 진정한 자본주의 국가가 아니다. 적어도 대공황 이후의 현대 자본주의는 경쟁이라는 가치에 의해서 개인이 희생당하지 않는 사회 안전망도 함께 발전시켜 왔다.

셋째, 우리의 투자는 너무 자본에 종속되어 있다.

이제부터는 투자 얘기를 해보자. 우리는 투자시장에서 삼중고에 처해 있다. 금리는 저금리를 넘어서 실질금리 마이너스 시대를 맞고 있다. 그리고 실질소득도 감소했다. 자연 수명은 계속 늘어나 앞으로 평균수명 90세 시대가 올 날도 머지 않았다.

이런 상황에서는 더 더욱 투자를 잘 해야 한다. 그런데 지금 우리는 어떻게 투자를 하고 있는가.

실질금리가 제로 금리 시대라고 해도 투자의 기회는 항상 열려 있다. 문제는 우리에게 있다 금리가 낮다고 하면서 실질 수익이 마이너스가 나올게 뻔한 은행상품, 저축성 보험에 목을 매고 있는 것이 말이 되는가. 눈을 크게 뜨고 자본의 여론 공세에서 벗어나면 최소 정기예금 금리 2배 이상 수익이 보장되는 상품은 널려 있다.

넷째, 순서를 밟아서 투자해라.

투자는 어떤 상황에서도 가능하다. 여유 돈이 없다고 투자를 할 수 없는 것도 아니다. 개인 신용등급이 6등급 이상만 되면 신용대출을 받을 수 있다. 그러나 이 경우 30%가 넘는 고금리를 부담해야 한다. 이런 고금리로 대출 받아서 할 수 있는 것은 주식투자밖에는 없다. 레버리지하면 신용으로 투자금 대비 2.5배까지 투자할 수 있다.

하지만 이렇게 하면 주가가 조금만 밀려도 가슴이 출렁하고 더 밀리면 깡통을 차게 된다. 변동성이 큰 주식을 신용 걸어서 한다는 것은 경제적으로 조기 사망하는 일이다. 주식시장에서 개인이 비교우위에 있는 것은 시간밖에는 없다.

여유자금을 가지고 긴 호흡으로 투자하는 사람에게 시간은 우군이다. 반면 빚 내서 투자하는 경우 시간은 적이다. 금융비용 부담과 원금 상환에 대한 압박으로 속전속결로 투자해야 하기 때문이다. 시간을 내게 유리하게 이용하는 법은 순서를 밟아 투자하는 것뿐이다.

지속가능한 소득구조를 만들고 잉여소득을 저축해 무엇을 할 수 있을 정도의 의미 있는 종자돈을 만들어 투자하고 이를 통해 이전소득이 가능하게 되면 당신의 자산 포트폴리오는 완성된다. 이런 안정된 스탠스를 가지고 투자한다면 주식투자에서 오는 위험도 크게 줄일 수 있다. 그러나 문제는 우리의 투자는 시작도 해보기 전에 스스로 자멸한다.

다섯째, 노후 준비에 대한 생각을 바꿔라.

베이비붐 세대의 은퇴가 본격화되면서 물 만난 물고기처럼 금융회사의 마케팅이 전사적으로 이뤄지고 있다. 금융회사는 퇴직자의 돈이 눈먼 돈이다. 그러기에 인맥 총 동원해서 무지막지하게 밀어 붙이는 것 아닌가. 그러나 이들이 파는 노후 준비 상품이라는 것은 실상 노후를 망치는 상품 일색이다. 투자상품은 그것이 무엇이 됐든 수익률로 말해야 된다. 그런데 연금신탁, 연금보험, 연금펀드 중에서 원금은 100% 보장되면서 최소 물가상승률 이상의 수익률을 내는 상품이 있는가. 투자기간이 10년이라고 가정하고 은행상품, 저축성 보험에 투자하는 것보다 채권, 소형 임대주택에 투자하는 것이 기회비용적으로 따져 만기 수익률이 3배~4배 이상 차이가 난다. 현재 신한·국민·하나·우리 등 시중 4대 은행의 개인연금 평균 수익률이 3%대다. 여기에 신탁운용에 대한 수수료 약 0.7%를 내면 수익률은 더 떨어진다.

앞으로 금리가 더 떨어지는 것을 감안한다면 노후 준비를 위해 가입한 개인연금이 노후를 망치는 상품이 될 것이 명확해진다.

앞으로 금리는 더 떨어진다. 사회복지 예산에 들어가는 재정 적자를 줄이기 위해 정부는 정부발행 국고채 발행금리를 낮출 것이다. 우리가 보통 시장실세 금리지표로 삼고 있는 것이 정부발행 국고채 3년물의 유통 수익률이다. 우리나라도 일본처럼 시장실세 금리가 현재의 제로 금리에서 마이너스 금리가 될 날도 머지않았다.

보험사의 연금저축 보험, 저축성 보험이 예정이율 방식을 적용

금리로 택하고 있다. 예정이율은 시장금리 변동에 따라서 매월 적용금리가 달라지는 변동금리다.

앞으로 금리가 계속 떨어진다고 했을 때 대부분 장기상품으로 구성된 보험사 저축, 연금 상품의 실효 금리는 현재보다 더 낮아진다. 지금도 금리 경쟁력이 떨어지는 데도 불구하고 말이다. 이런 상품으로 노후를 준비한다는 말은 나는 노후에 가난하게 살겠다고 말 하는 것과 다르지 않다.

금융회사들은 노후 준비를 위해서는 최소한 3억 이상이 있어야 한다고 말한다. 그러나 이는 팔아야만 먹고사는 그들의 논리일 뿐이다.

70세까지 어떤 일이든 일주일에 40시간은 일을 할 수 있는 건강을 유지한다면 국민연금, 퇴직연금 받고 월 근로소득이 80만 원 정도만 되어도 경제적으로 부족하지 않게 살 수가 있다. 물론 돈이 많아서 노후를 여유롭게 산다면 좋은 일이다. 앞으로 늘어나는 자연 수명에 맞게 노후 생활자들의 라이프스타일도 달라질 것이다. 노후 준비를 금융자산 규모에만 초점을 맞추는 것은 시대적 흐름과 맞지 않는다.

다시 우리가 재테크를 하는 이유에 대해 생각해 보기로 하자.

흔히들 부자들의 점심에는 공짜가 없다고 말을 한다. 그러나 이 말은 틀렸다. 왜냐하면 부자에게는 그들만이 아는 부자되는 특별한 비법이 없기 때문이다. 단지 그들의 상당수는 열심히 살고 상식적으로 투자한다.

부자가 되기를 원한다면 기본적인 생활에 충실해야 한다. 그리고 진정한 부자라면 사회적 약자의 아픔을 이해하고 적극적으로 배려해야 한다. 이렇게 하는 것이 우리 모두의 행복지수를 높이는 가장 경제성이 높은 선택이 되기 때문이다.

속도와 경쟁만이 최고의 가치가 되는 대한민국에서는 승자나 패자 모두 피곤하게 살기는 마찬가지다. 이제부터는 돈보다 그 이상으로 우리의 행복지수를 높일 수 있는 일에도 눈 돌려 보기 바란다.

봄이 오면 어느새 여름이 지나고 가을이다. 그리고 겨울…. 이것을 최장 100번 반복하면 우리는 흙으로 돌아간다. 인생에서 승자와 패자를 따지는 것이 무슨 의미가 있나. 그저 사는 동안만이라도 함께 어울려 행복하면 그것으로 족한 것이 인생 아니겠는가. 사는 동안 너무 각박하게 살지 말자. 끝으로 독자 여러분이 지금보다는 행복했으면 하고 소망한다.

저 자 박 연 수

차 례

당신이 속고 있는
재테크 불편한 진실 23가지

당신이 속고 있는
재테크 불편한 진실 23가지

당신이 속고 있는
재테크 불편한 진실 23가지

왜 가난이
당신만 책임질
문제인가

당신이 속고 있는 재테크 불편한 진실 23가지

01

왜 가난이
당신만 책임질 문제인가

"가난은 실업의 문제와 임금의 불평등에서 발생한다. 노동을 통해 얻은 소득으로 저축을 꿈꿀 수 없는 노동자에게 무슨 희망이 있겠는가"

가난의 문제는 당신만 책임질 문제가 아니다. 아무리 열심히 일해도 가난에서 벗어나기가 어렵다면 이는 경제 시스템이 잘못된 것이다. 노동시장이 저임의 외국인 노동자로 대체되면서 국내 노동자의 임금 수준은 더 열악해졌다. 우리는 호주 정부가 왜 외국인 노동자에게 자국 노동자와 동등한 노동권을 보장하는 이유를 알아야만 한다. 저임의 외국인 노동자가 호주의 노동시장에 진입하면 노동시장이 저임의 외국인 노동자로 대체되고 자국 노동자의 노동권리가 악화되는 것이 자명하기 때문이다. 지금 우리 노동시장은 빠르게 외국인 노동자로 대체되고 있다. 이로 인해서 우리나라 노동자의 노동시간은 계속 늘어나고 있음에도 평균임금은 낮아지는 모순이 발생한다.

문제는 이런 현장의 대부분이 대기업 하청기업이라는 점이다. 이런 불평등한 노동시장이 존재하는 상태에서 왜 당신은 가난하냐고 개인에게 그 책임을 물을 수는 없는 것이다. 이것이 우리가 개인에게 초점을 맞추는 재테크에서 벗어나야만 하는 이유다.

가난의 근원은 실업문제와 임금의 불평등에서 발생한다.

동일 현장에서 동일한 작업을 동일한 시간을 일하는데 노동자가 정규직이냐, 비정규직이냐, 일용직이냐에 따라 임금의 간극은 어마어마하다. 강성노조에 가입된 대기업 정규직은 시간외 노동을 많이 해야 고소득이 보장된다. 이들의 시간외 근무시간이 늘어나는 것은 신규 노동인력의 진입을 차단하는 역효과가 발생한다. 또 인력관리를 아웃소싱업체에 외주를 주는 현장의 노동자는 노동자의 기본 권리인 4대 보험 적용조차 안 된다. 노동을 통해 얻은 잉여소득으로 저축을 꿈 꿀수 없는 노동자에게 무슨 희망이 있겠는가. 최저임금을 올리는 것 이상으로 경제적 불평등을 줄이는 방법은 없다. 최저임금제도는 노동의 착취를 막고 빈곤을 없애는 소득재분배의 효과가 있다. 문제는 우리나라의 최저임금이 매우 낮다는 데 있다. OECD 국가의 평균 최저임금은 6.44달러다. 우리나라는 그 절반에도 못 미치는 3.12달러(2008년 기준)이다. 근로자 평균임금 대비 최저임금은 32%로 GDP가 우리보다 한참 낮은 폴란드 37%, 루마니아 34% 보다도 낮다. 최저임금이 OECD 평균 최저임금 수준만 되도 빈곤의 문제는 크게 개선될 수 있다. 이것이 어려운 일이 아니다. 시장에서 독점적 권리를 누리고 있는 대기업이 조금만 양보해도 가능할 수 있는 일이다. 현재 이처럼 낮은 최저임금이 적용되는 사업장 대부분이 대기업 하청기업이다. 최저 임금만 올려도 빈곤계층의 가처분 소득이 크게 증가한다. 그리고 빈곤계층의 가처분 소득이 늘면 시장에서는 구매층이, 국가적으로는 건강한 납세자가 늘어나는 것으로 대기업에게도 국가적으로도 매우 효용성 있는 경제행위다.

청년들이 힘들고 고된 생산현장을 기피한다고 말하는 사람이 이 나라의 대통령이다. 저자는 이 사람이 한 번이라도 생산현장을 가보기나 하고 이런 얘기를 하는것인지 묻고 싶다. 청년들은 힘들고 고되서 생산현장을 기피하는 것이 아니라 생산현장의 낮은 임금으로는 도저히 가난의 굴레에서 벗어날 수 없다는 현실에 절망하고 있는 것이다.

[지금의 경제 시스템에서 가난한 자의 양산은 필연적이다]

지금의 경제 시스템에서 가난한 자의 양산은 필연적이다. 그렇기 때문에 개인의 재테크에 우선하여 우리가 먼저 해야 할 일이 이 잘못된 경제 시스템을 개혁하고 만인에게 평등한 노동시장을 만드는 일이다.

신자유주의 경제 하에서의 기업은 생산성을 높이기 위한 수단으로 극단적인 분업화를 성장전략으로 선택한다. 세계화로 단일화된 노동시장에서는 임금이 가장 싼 곳이 기업의 생산거점이 된다. 이러한 생산 시스템하에서는 세계 모든 노동자는 저임금의 희생자다.

세계화와 보편적 복지에 유연하게 대응하는 국가들이 있다. 북유럽의 스웨덴, 독일, 핀란드, 덴마크 같은 사회복지가 고도로 발전한 국가에서는 실제 이루어지고 있는 일들이다.

패스트 패션의 선도기업인 스웨덴의 H&M 같은 회사는 700백 개에 이르는 세계 각지의 하청 공장에서 제품을 생산하는 전형적인 다국적기업의 성장전략을 택하고 있음에도 자국 노동자의 권리는 조금도 침해하지 않는다. 이에 반해서 국내 대기업은 압축성장 과정에서 정부의 각종 지원을 독식하고 정부의 고환율 정책과 법인세 감면혜택으로 글로벌 시장에서 경쟁기업보다 적어도 30%

의 가격 우위를 확보해 글로벌의 날개를 달았음에도 고용은 늘리지 않고 비상장계열사를 상장시키는 과정에서 대주주 일가의 편법 증여, 상속은 물론이고 막대한 자본 이득을 얻는 데만 골몰하고 있다. 이 정도면 한국의 재벌 일가는 대한민국의 적이다. 국민의 고통이 임계점에 이르면 우리나라도 이스라엘처럼 재벌이 해체될 날이 머지 않았다.(※ 이스라엘은 대기업의 시장독점 문제가 우리나라처럼 심각하다. 이스라엘의 재벌들은 우리나라 재벌들처럼 적은 지분으로 수십 개의 계열기업을 피라미드식으로 지배하고 있다. 재벌들의 독점적 시장지배에 저항하기 위해 이스라엘 국민들이 사상 최대규모의 반재벌 시위에 나서게 되면서 이스라엘정부는 재벌 해체에 가까운 강력한 개혁안을 내놓게 된다. 현재 우리나라 10대 그룹의 매출액과 시가총액은 전체 상장기업의 60%에 이르고 있어 이스라엘의 40%보다 훨씬 높다.) 스웨덴의 다국적기업이 공익재단을 만들어 대주주일가의 사익을 엄격하게 통제하는 것과 비교했을 때 한국의 재벌기업은 개인의 노동권과 자유경쟁을 동시에 추구하는 근대자본주의 이념에서도 궤도를 한참 벗어나 있다.

국민 천제의 0.001%도 안 되는 재벌 일가의 탐욕에 이제 재갈을 물려야 한다. 이것으로 국민다수를 자치하는 서민, 비정규직 노동자의 삶의 질을 획기적으로 개선시킬 수 있다. 재테크를 하는 이유는 우리 사회구성원의 행복지수를 높이는 것에 있다. 그렇다면 이제 재테크는 개인의 영역에서 벗어나 사회운동 차원으로 접근해야 한다. 재테크 정보가 자본에게 일방적으로 유리하게 흐르는 재테크 정보의 비대칭구조 하에서 개인이 통장을 여러 개 만들고 연금 등의 노후 준비 상품에 투자해 봤자 자신의 잉여소득을 자본(금융회사)에게 빼앗겨 더 가난해질 뿐이다.

국내 대기업은 공장 내에 사내 하청회사를 두고 노동자간 임금을 차별하는 것에 별 죄의식이 없다. 그리하여 대기업은 유보금이 천문학적으로 쌓여만 가지만 신규 고용은 창출되지 않고 있으며 그들의 공장에서 일하는 비정규직 노동자는 더 가난해지는 모순이 계속 되는 상황이 연출되고 있다. 그래서 대기업의 행태를 통제하지 못하고 재갈을 물리지 않는다면 우리나라는 21세기 가장 비극적 자본주의 국가가 될 것이라고 말하는 것이다.

자본의 대변인처럼 그들을 위한 것이라면 별 해괴한 이론까지 들먹이며 대기업이 잘 되어야 그들이 흘려준 떡고물을 먹고 국민의 생활도 나아진다고 생각하는 자들이 국가정책을 독점하고 있다. 이들의 생각이 현실화되어 대기업 규제철폐가 봇물을 이루게 되었고 이 기회를 이용해 대기업은 문어발식 확장을 계속 할 수 있었다. 국가는 누구를 위해 존재하는가? 정부의 친 재벌정책은 근대국가의 이념에 반(反)하는 것이다.

상식적으로 생각해 보자. 우리나라처럼 국토의 종심이 짧고 이용 가능한 땅도 적은 나라에서 미국 같은 거대한 땅덩어리 국가에서나 효용성을 갖고 있는 대형 할인 소매점이 지역상권을 초토화시켜 중소 상공인을 고사시킬 정도로 활개치는 것은 과연 누구를 위한 일인가. 대형 할인 소매점은 이제 지역 소상공인의 최후의 보루로 남은 골목상권에까지 탐욕을 부리고 있다. 이를 두고 시장 경제에서는 당연한 일이라고 말하는 것은 규제와 기업의 자율성의 균형을 추구해 온 20세기 자본주의 흐름을 이해하지 못하거나 알면서 모르는 척 하는 것이다.

대형 할인 소매점은 막강한 시장 지배력으로 하청업체들의 납품가를 후려치는 것을 당연시 하고 있다. 하청업체는 손실 보존을 위해 비정규직을 늘리고 그마저 외국인 노동자로 대체한다. 시장 진입 장벽이 낮은 중소기업이 그나마 생존을 이어 가는 방법은 노동자의 임금을 줄이는 것밖에는 없다.

다시 한번 말하지만 호주가 외국인 노동자에게 자국 노동자와 동등하게 권리를 보장하는 이유는 외국인 노동자로 인해서 자국 노동자의 노동 권리가 침해되는 것을 막기 위함이다. OECD 국가 중 가장 비극적인 자본주의 국가 대한민국에서는 약자의 눈물은 보이지 않는다. 언제까지 가난한 자들을 위해 국가 재정이 쓰이는 것은 불필요한 비용으로만 생각할 것인가.

[가난한 자를 위해 쓰는 돈은 미래를 위한 투자다]

브라질의 전 대통령 룰라는 왜 부자를 위해 쓰는 돈은 투자이고 가난한 자를 위해 쓰는 돈은 비용으로 생각하는가에 대해서 분노했다. 대한민국의 많은 서민 중산 계층은 GDP가 성장해도 더 많이 일하면서도 더 가난해졌다.

과연 이것이 제대로 된 자본주의 국가인가, 이래서는 대한민국에는 희망이 없다. 상위 0.001%가 쳐 놓은 덫에 걸려 국민 대다수가 루저가 되는 이런 자본주의가 정상적인 사회인가, 우리는 이에 대해 분노해야 하고 함께 참여하고 행동함으로써 이 모순을 타개해야 한다.

지금으로부터 10년 전 지구촌 사람들은 새 밀레니엄을 맞는 환희와 희망으로 넘쳤다. 그러나 이런 순간에 한스 피터 마르틴은 그의 저서 〈세계화의 덫〉에서 우울한 자본주의의 미래에 대해 예언했다. 돌이켜보건대 불행히도 그가 예언한 것 이상으로 우리의 자본주의는 우울한 자본주의가 되었다. 부의 양극화는 허버트 마르쿠제의 말대로 혁명의 시점에 와 있을 정도로까지 악화되었고 속도와 경쟁의 가치가 시장을 지배하면서 독점 자본으로의 부의 집중은 걷잡을 수 없는 지경에 이르렀다.

세계의 부자 1%가 소유한 돈이 그들을 제외하고 지구에 사는 대부분의 사람이 가진 돈을 합한 것보다 더 많다.

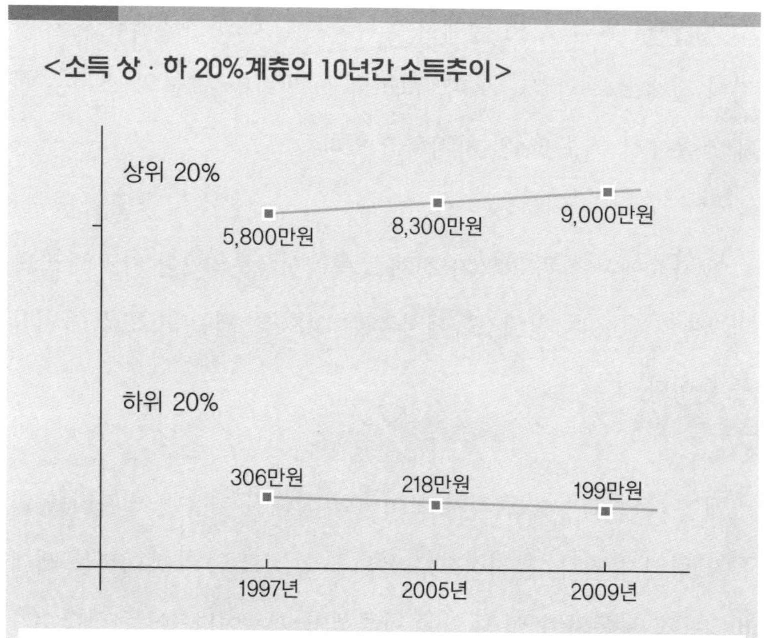

위 그래프는 지난 10년간 소득 하위 20%는 평균소득이 306만 원에서 199만 원으로 107만 원 줄었지만, 상위 20%는 5,800만 원에서 9,000만 원으로 3,300만 원 증가했다는 것을 보여준다.

IMF 외환위기 이후 우리나라의 GDP는 두 배 이상 성장했다. 하지만 이 기간 동안 소득 하위자에 속하는 근로자·자영업자의 소득은 3분의 1이나 줄어들었다. 반면 상위 소득 20%에 속하는 사람의 소득은 크게 늘어 전체 소득의 70%가 넘는다. 한스 피터 마르틴이 그의 저서에서 말한 2 대 8 자본주의가 불행하게도 현실화된 것이다.

국세청 자료에 의하면 종합소득세 납부자의 총 소득금액은 90

조 2,250억 원이다. 이 중에서 상위 20%는 64조 4,203억 원을 차지해 전체 소득의 71.4%다. 그러나 하위 20% 그룹의 소득은 전체 소득에서 단 1.6%만 차지하고 있다.

이 자료에서 상위 20%가 전체 소득에서 3분의 2를 차지하고 하위그룹의 60%는 전체소득에서 겨우 10%를 넘는 소득을 가져갔을 뿐이다.

개인 사업자의 소득 격차가 이처럼 심해진 이유는 일자리를 잃은 고령의 창업자, 본격적으로 은퇴를 앞두고 있는 베이비붐 세대 비정규직 노동자가 이 대열에 합류했기 때문이다. 이들 상당수가 영세한 자본으로 창업전선에 뛰어든다. 그러나 그들을 기다리고 있는 것은 과거와 비교할 수 없을 정도로 경쟁이 치열해진 레드오션의 시장이다.

지역 상권은 죽은 지 오래됐고 그나마 남아있는 좁은 시장을 영세자본 간에 경쟁하고 있다. 현재 자영업자 수는 500만 명이 넘고 있다. 이들 중 약 100만 명이 가게를 새로 열고 또 이 중 80%가 문을 닫는다. 그럼에도 자영업자 수는 계속해서 늘고 있다. 대안이 없기 때문이다.

유럽의 은퇴자들은 퇴직 후 오히려 경제적으로 더 여유로운 생활을 한다. 퇴직해도 임금 피크 시점의 80%가 연금으로 지급되기 때문이다. 우리로서는 상상할 수 없는 일이다. 국가 재정의 원천이며 주체인 국민이 그것도 1인당 GDP가 2만 달러가 넘는다는 나라에서 아무런 사회복지 혜택을 못 받는다는 것은 말이 되지 않는 일이다. 이러고서도 국격 운운하는 사람이 이 나라의 대통령이다.

[근대자본주의는 자유와 평등의 좌·우의 날개로 발전해 왔음을 왜 모르는가]

인간의 탐욕을 방임하면 기층 일반의 삶은 더 열악해질 수밖에 없다. 자본은 통제하지 않으면 괴물이 된다. 우리는 금융 위기가 왜 계속 반복되는지를 생각해봐야 한다. 금융 위기를 겪었음에도 여전히 워싱턴 정가는 월가의 로비 유혹에서 벗어나지 못하고 있다. 규제의 칼날은 무뎌졌고 금융개혁은 실패했다. 우리나라도 별다를 것이 없다. 개혁의 대상인 이명박의 사람들이 국내 4대 금융지주회사 회장으로 군림하고 있다.

금융 위기가 시작된 시점은 강력했던 금융 규제가 철폐되기 시작한 후 부터다. 미국의 반독점 규제법은 유로 존 국가보다 더 엄격했다. 미국에서 한 번 금융 규제의 뚝이 무너지기 시작하면서 금융자본은 그 누구도 통제할 수 없는 거대 공룡이 되었다.

금융자본은 M&A, 보험업 겸업 등으로 급격히 사세를 키웠다.

그러나 이것이 칼날으로 되돌아와서 금융 위기의 직격탄을 맞게 된 것이다. 리먼 브라더스 파산으로 촉발된 금융 위기에 메가 뱅크들이 얼마나 위기에 취약한지를 목격했다. 금융자본을 키워야 시장의 안정성이 보장된다는 말은 허구다.

미국·영국과 같은 영미권 국가이면서도 캐나다, 호주, 뉴질랜드는 왜 금융 위기의 위험으로부터 큰 영향을 받지 않았는지를 생각해봐야 한다. 금융 규제의 칼날이 여전히 살아 있는 캐나다의 경우 금융 위기 속에서도 이 나라의 금융회사는 건재했다. 캐나다는 금융회사 간 M&A조차 법으로 엄격히 규제한다. 이것이 미국과 같은 북미 경제권에 포함되면서도 이 나라가 금융 위기로부터 피해를 입지 않은 이유다. 이 나라들이 영미권에 포함되는 국가이면서도 미국, 영국과 근복적으로 다른 점은 보편적 복지를 국가통합의 기초로 삼고 있으며 엄격하게 금융자본을 통제하는 사회민주주의 국가라는 점이다.

금융 위기 당시 세계 5대 투자은행들이 가장 큰 피해를 입었다. 메가 뱅크들이 무너지면서 이들 회사에 투자했던 주주뿐 아니라 일반 시민 납세자들은 그들로 인해 큰 피해를 입은 당사자다. 메가 뱅크에 들어간 막대한 공적 자금은 국민의 혈세다. 이 정도까지 국민의 도움을 받아 회생됐으면 반성하고 과거와는 다른 행태를 보여 줬어야 했다. 그러나 이들은 금융 위기 이전의 모습에서 전혀 변하지 않고 있다. 이들에게 재갈을 물리지 않는 한 금융 위기는 수시로 반복될 수밖에 없다.

자본을 규제하고 통제하지 않는 한 서민 중산층의 삶은 열악해진다. 그것이 산업자본이든 금융자본이든 간에 말이다.

이명박 정권이 들어선 이후 대기업 규제를 풀고 완화해 준 결과를 봐라. 대기업 계열사들이 동네 문구점, 빵집에서부터 떡볶이 프랜차이즈 사업까지 진출하고 있다.

대기업들은 하라는 고용은 늘리지 않고 영세상인 고사시키는 일에만 열심이다. 손쉽게 대주주에게 자본 이득을 안겨주는 계열사 늘리기, 비상장 계열사에 일감 몰아주기 등에만 열중한다. 이들은 자신들의 행보에 국민들이 얼마나 분노하는지를 인지 못하고 있다.

정부가 시장을 공정히 관리하고 기업이 사회적 약자의 생존권을 위협하는 행위에 대해서는 법으로 행정력을 동원해 강력하게 막으면 된다. 이것만으로도 이처럼 극단적인 양극화는 벌어지지 않는다. 문제는 소위 잉여 인간의 0.001%가 정책을 만들고 결정하는 여의도 국회, 관료 집단이 자신들이 속해 있는 세상만 바라

보기에 세상이 변하지 않는 것이다. 정치만 바꿔도 세상은 얼마든지 좋아질 수 있다.

[보편적 사회복지가 우리의 행복지수를 높인다]

보편적 사회복지 반대론자들은 세원 문제로 반대한다. 그러나 방향을 보편적 복지로 정확히 하고 정부 · 지자체에서 방만하게 운영되고 있는 재정 개혁만으로도 우선 초기 자금은 마련할 수 있다. 그 후부터는 세원의 주체이고 이해 당사자인 국민이 결정하면 된다.

우리의 재정 설계는 개인에게만 초점을 맞추고 있다. 개인만 노력한다고 되는 것이 아니지 않는가. 현대 사회에서의 개인의 재정 설계는 공적 영역이 더 큰 영향을 미치고 있다.

우리가 사회 개혁에 적극적으로 참여해야만 하는 이유도 여기에 있다.

공학냄새 펄펄나는 재테크라는 말이 사라지는 사회가 좋은 사회다. 개인의 재테크에서 손실이 많이 발생하는 것이 소위 제도권 금융상품이다. 금융상품이 경제성을 갖추기 위해서는 최소한 물가 상승률 이상의 세후 수익이 발생해야 한다. 지금 은행상품, 저축성보험 중에서 이러한 수익을 내는 상품이 있는가.

저축성 보험(연금저축보험 포함)은 사업비를 빼고 계산하면 원금 회복까지 몇 년이 걸린다. 소비자는 "저축상품" 투자에 대해서 많은 경우의 수를 가지고 있다. 보험사 얘기는 그들의 얘기일 뿐이다. 금융상품은 안정성에 문제가 없다면 중도환매 해약금, 세후 수익으로 말하는 것이다. 이를 기준으로 한다면 보험사 저축상품은 소비자의 권리를 위해 존재하면 안 된다.

기회비용적으로 생각해 보자. 지금 내고 있는 건강보험에 20%~30%를 더 내서 치명적 질병까지 보장받는 것이 경제적인가, 아니면 지금처럼 민간 보험회사에 그 수 배에서 수십 배 돈을 지출하는 것이 유리한가. 당연히 전자이다. 이런 측면을 감안하면 적어도 건강복지 분야에서만은 건강보험료를 더 올려 질 좋은 의료혜택을 받는 것이 투자비용 대비 이익이다.

저자는 개인적으로 신의 존재를 믿지 않는 불가지론자다.

그리고 인간의 가치체계(또는 이념)은 물적 토대에 의해서 결정된다는 유물론을 믿고 있다. 유럽의 정당사는 이 유물론에 기초하고 있다.

영국만해도 집을 갖고 있느냐(house holoder), 집을 갖고 있지 않느냐(non house holder)에 따라 보수당과 노동당의 지지계층이 확연히 다르다.

그런데 우리나라는 기층일반의 자식이라고 스스로의 정체성을 드러내는 이들이 국회에서 부르주아지의 이익을 위한 정책을 발의하고 입법화하는 데 앞장서고 있다.

우리나라의 문제는 일반서민들조차 자신이 부르주아지가 아니면서 부르주아지처럼 사고하고 정치적 선택을 한다는 점이다.

물적 토대에 기초해서 자신이 서야 할 자리를 제대로 알고 있고 정치적으로 참여하고 행동한다면 소득의 한계로 행복추구권을 상실한 계층도, 돈이 없어 재테크를 못하는 사람도 인간의 존엄성을 훼손하지 않는 경제생활을 할 수 있다. 재테크가 시대의 화두가 된 상황에서, 모든 사람이 재테크에 열광하고 있음에도 우리는 왜 더 가난해지고 우리의 행복지수는 왜 더 떨어지고 있는가. 오늘날의 대한민국은 정치적 민주화는 성취했지만 불행하게도 여전히 좋은 집은 못되고 있다. 대한민국이 국민 모두에게 좋은 집이 되기 위해서 우리가 무엇을 어떻게 해야 할 것인지 진지하게 성찰해봐야 하는 시점이다.

당신이 속고 있는
재테크 불편한 진실 23가지

부동산 시장은
붕괴될 수가 없다

당신이 속고 있는 재테크 불편한 진실 23가지

부동산 시장은
붕괴될 수가 없다

"부동산 공개념이 제도화되지 않는 한 부동산 버블은 언제고 재연될 수 있다. 부동산 붕괴의 최대 피해자는 아이러니하게도 돈 많은 부자가 아니다. 갖고 있는 재산이라고는 집 한 채 달랑 있는 이 땅의 서민·중산층이다."

해방 전후부터 최근에 이르기까지 국내시장의 투자상품 중에서 개인의 가처분 소득을 늘리는 데 효자노릇을 해온 것이 부동산이다. 노동을 통하지 않고 자산버블에 의해 소득이 증가하는 것을 두고 불로소득이라고 한다. 2000년 이후 시작된 소위 부동산 버블시기에는 집을 한번 사는 것 만으로도 자신이 1년 동안 일해서 벌 수 있는 돈의 10배, 심지어는 수십 배 이상의 불로소득을 챙긴 사람이 많았다. 반면에 집값이 상승하면서 임대주택에 살아야 하는 신혼부부, 학생, 독신가구, 직장인은 생활고를 겪고 있고 결혼까지 늦추고 있다. 이 정도 상황이면 부동산 버블이 붕괴되는 것은 사회정의 차원에서 환영할 만하다. 그러나 이 문제를 다른 시각에서도 살펴봐야 하는 이유가 있다.

압축 성장을 거듭해 온 한국 경제는 부동산은 개발 수요에 비해 공급이 항상 부족했다. 이것이 부동산은 사 두면 반드시 오른다는 대마불사론을 만들어 냈다. 하지만 한국 경제가 본격적으로 감속 시대로 진입하면서 부동산 시장은 새로운 변화의 흐름에 처해 있다.

부동산 버블이 급격하게 꺼지면서 부동산 붕괴론이 설득력을 얻고 있다. 부동산 붕괴론은 시장 자체가 사라지는 것으로 시장 논리로는 매우 혁명적인 발상이다. 부동산 붕괴론이 가능하기 위해서는 부동산 공개념이 국민의 지지를 받고 제도화되어야 가능하다.

부동산 시세차익을 국가가 환수한다는 데 부동산에 투자할 사람은 없을 것이다. 독일 같은 나라에서는 주택 매매차익에 대하여 10년 동안 국가가 환수한다. 독일은 오래 전부터 부동산 공개념이 자리 잡고 있는 나라다. 보편적 사회복지의 시초라고 하는 근로자 재해 보장법을 이미 100년 전부터 시작한 나라다. 국민 간의 사회

연대 의식이 강하게 자리 잡고 있고 부동산을 통한 불로소득을 부도덕 행위라는 정서가 뿌리 깊다. 우리나라가 이 정도의 강력한 부동산 규제법을 강제하면 서민들마저 저항한다.

여전히 부동산은 서민에게도 부자가 될 수 있는 희망의 수단으로 인식되고 있다.

부동산의 폐해를 말하지 않는 사람이 없다. 부동산이 부의 양극화를 심화시킨 주요 원인으로 인식되고 있기 때문이다. 그럼에도 부동산 붕괴론에 거부감이 큰 이유는 부동산 붕괴론이 시장논리보다는 매우 정치적으로 접근해서이다.

부동산 붕괴론으로 가장 두려워하는 계층은 자산이 빵빵하게 많은 부자가 아니다. 겨우 금융자산 몇 천만 원(이것도 평균보다 많다)과 살고 있는 집 한 채가 갖고 있는 재산의 전부인 서민·중산층이다. 이들에게 부동산 붕괴는 가계 재정이 파산에 이를 수도 있는 재앙이 될 수 있는 일이다.

가뜩이나 살기 힘든 시대에 서민들 가슴 울리는 얘기는 그만두고 이 시점에서의 부동산 시장을 어떻게 봐야 하고, 개인의 자산 리모델링에 대해 함께 고민하는 일이 가치가 있다고 생각지 않은가.

시장에서 가장 바보 같은 사람이 시장은 이러이러할 것이라고 스스로 규정짓는 일이다. 자신의 생각한대로 시장이 움직일 것이라고 생각하는 일은 오만하기까지 하다.

시장의 변동성이라는 것은 우리의 생각 밖에 머물러 있다. 인간의 탐욕이 지배하는 시장에서는 버블은 필연적이다. 또 호황기에는 긍정적 논리가 대세를 이룬다. 시장은 이성의 힘이 지배하는 곳이 아니다. 우리가 부동산 붕괴 운운하는 동안 부동산 시장은 새로운 흐름으로 이동했다. 바로 소위 한국형 스튜디오 주택인 원룸, 소형 오피스텔, 다중주택, 고시텔 등이 주도하는 수익성 부동산 시장이 그 흐름을 주도하고 있다.

주거용 오피스텔의 경우 서울 강남 · 마포 · 종로 등의 핵심 권에서 멀어질수록 소형에, 매매가가 낮을수록 수익률이 높다. 통계 자료에 따르면 경기 서남권의 시흥시 · 안산시의 소형 오피스텔 단지들의 평균 수익률은 7%에서 10% 이상이 된다고 하니 소액으로 노후 준비를 하는 사람들은 관심가져 볼 만하다.

우리의 눈이 중대형 아파트의 급락에 집중되는 동안 독신 가구의 급격한 증가와 전세난으로 인해 이 시장이 블루칩으로 떠오르고 있다는 것을 잊고 있었다. 그래서 균형적 시각을 상실하는 순간 변화의 신호가 오고 있음에도 이를 감지하지 못하는 우를 범하는 것이다.

2000년 초부터 세계적 경기 호황으로 급증한 유동성이 부동산으로 집중되었다. 이 시기는 유로 존 국가들이 유로화를 자국 화폐로 사용하는 시점과 일치한다. 유로화가 유로 존 국가 간에 공용 화폐가 되면서 서구 유럽의 프랑스·독일 등 경제부국의 투자가 소위 남부 유럽 벨트인 포르투갈·스페인·그리스로 몰리게 되었다. 이로 인해 남부 유럽의 부동산이 급등한 계기가 됐다. 이때 생성된 버블이 세계 경기가 하락하면서 부동산 시장의 몰락으로 이어져 남부 유럽 국가들이 집단으로 재정위기에 빠지는 원인이 된 것이다.

아무튼 2000년대 초반 우리나라에서도 세계적 부동산 경기의 호황에 영향받아 부동산 대세 상승기가 시작됐다. 이때부터 시작된 부동산 가격 상승은 이성으로는 도무지 계산되지 않을 정도로 가격이 미치도록 올랐다. 이 아수라의 시장에서 부동산으로 돈 벌었다는 것은 자랑할 만한 일은 아니다. 저자는 이 시기에 한국 자본주의 한계와 절망을 봤다.

3.3㎡당 분양가가 900만 원이었음에도 미분양이났던 타워팰리스는 불과 몇 년이 안 되는 사이에 분양가 대비 4배~5배나 가격

이 상승했다. 서울 강남, 소위 한강 벨트축 선상의 핵심지역만 미치도록 가격이 오른 것이 아니었다. 서울 구도심, 인구 50만 이상인 경기도 7대 도시를 중심으로 시작된 뉴타운 재개발사업으로 해당 지구의 구옥들은 뉴타운으로 지정도 되기 전부터 최소 3배 ~4배 이상 대지지분 가격이 치솟았다.

그 흐름이 정상이 아님을 누구나 안다. 그러나 시장 참여자 모두 집단 동조화의 늪에 빠져 자신들이 보고 싶은 것만을 바라보던 시기였다.

투자에 가장 설득력을 갖는 격언에는 "남들이 욕심낼 때를 두려워하고 남들이 두려워할 때 욕심내라"는 말이 있다. 정말 그대로 하면 된다. 실제로 금융위기 시점에 채권·주식을 투매하지 않고 투자금을 늘린 사람들은 일생에 몇 번 찾아 오지 않는 투자 기회를 얻었었다.

그러나 문제는 인간의 탐욕이 극대화된 시점의 시장에서 욕심을 부리는 것이다. 그것도 뒤늦게 말이다.

부동산 버블 기에 막차를 탄 사람들은 지금 어찌 되었나, 이제는 고정비 덩어리에 불과해진 중대형 아파트를 끌어안고 있다.

부동산 버블을 이성적으로 부정해도 그것이 재연되기를 기대하는 것이 인간의 심리다.

부동산 버블은 크기가 달라지고 투자 상품을 바꿔서라도 계속 된다. 이것이 인간의 탐욕이 지배하는 투자의 실체다.

우리가 부동산 붕괴론에 시간을 허비하는 사이 시장은 새로운 흐름으로 갈아탔다. 지금의 부동산 시장의 흐름을 주목하기 바란다.

[부동산 역발상의 투자가 통한다]

투자 시장에서 성공하는 법은 아주 간단하다. 현재보다 미래에 수익이 호전될 곳을 미리 예상하고 선 투자하면 된다. 주식 시장에서 이미 메모리 반도체 시장에서 독점 기업이 된 삼성전자보다 현재는 저평가되었지만 미래에 수익이 크게 호전될 가능성이 큰 하이닉스, LG전자에 투자하는 것이 돈을 벌 수 있는 것처럼….

이것이 쉽지 않다는 것을 안다. 그러나 사회 경제 흐름에 주목하고 이를 투자와 연계시키는 노력을 한다면 그 확률을 높이는 일은 얼마든지 가능하다.

10년 전만 해도 소니, 마이크로소프트, 닌텐도는 게임 시장의 독점적 기업이었다. 이 기업들이 당시의 플랫폼을 주도했던 콘솔 게임 시장의 선도 기업이었기 때문이다.

콘솔 게임은 전용 게임기를 구입해야만 즐길 수 있는 게임이다. 또 게임기를 구입했어도 게임 소프트웨어를 별도로 구입해야 게임을 할 수 있다. 그러나 게임 시장이 인터넷으로 옮겨 가면서 이들 회사가 만든 엑스박스, 플레이스테이션, 위 같은 게임기는 시장에서 급격하게 사라지고 있다. 그 자리를 넥슨, 엔씨소프트 등의 온라인 게임 회사들이 가져갔다. 게임 시장을 남보다 먼저 읽고 투자했었다면 넥슨, 엔씨소프트의 시가총액에서 차지하는 여러분의 몫은 커져 있었을 것이다.

이제 이 시장의 플랫폼이 인터넷에서 스마트 폰으로 이동되고 있다. 벌써 핀란드 회사 로비오가 출시한 스마트 폰 전용 게임 앵그리 버드(angry bird)는 세계인이 즐기는 게임이 되었다.

우리는 변화를 말할 때 패러다임이란 말을 쓴다. 패러다임이란 쉽게 말해서 새로운 흐름에 적응하지 못한다면 도태되거나 사라지는 것을 말한다.

경제가 변화면 시장의 수요도 변하고 이를 주도하는 기업도 달라진다.

대성산업이 가정용 난방 시장에서 독점적 지위를 누렸던 연탄 산업을 고집했다면 과연 살아남았겠는가, 새로운 대체 에너지 도

시가스로 갈아탔기에 살아남은 것이다.

부동산 시장의 변화는 가히 혁명적으로 진행되고 있다. 중대형 아파트 시장은 급격하게 추락하고 다시 살아날 가능성마저 사라졌다. 독신 가구의 급증, 중대형 아파트의 경제성 상실로 내 집 마련을 꺼리는 흐름이 상수(常數)화되면서 독신 가구, 신혼 부부의 주거 공간으로 수익성 부동산의 경제적 가치는 커졌다.

개발에 대한 회의감이 확산되면서 옛것을 지키려는 니즈(needs)는 오히려 강해지고 있다. 그로 인해 철근 콘크리트 범벅인 집단 주거 시설의 수요는 감소하고 한옥, 타운 하우스, 단독 주택의 수요는 증가하고 있다. 그러나 모든 주택이 해당되지는 않는다.

전원에서의 삶을 꿈꾸던 사람들이 전원 주택을 찾아 떠났지만 지금은 이들이 도시로 유턴하고 있다. 살아보니 전원 주택이 범죄에 쉽게 노출되고 출·퇴근은 어렵고, 병원 한번 가는 것에 하루를 다 보내는 등의 불편한 생활여건으로 인해 삶의 질이 떨어지고 있기 때문이다. 반면 도시의 거주 환경은 과거보다 환경이 개선되고 문화적 공간의 확대로 쾌적하고 편리해졌다.

이런 흐름이 전원 주택의 경제적 가치를 떨어지게 한 것이다.

[역 도미노 현상으로 핵심 권역은 오히려 강화되고 있다]

2000년대 초반에서 적어도 2007년 초반까지는 뉴타운 재개발 시장이 수도권 전체 부동산 시장을 뒤흔들었다.

뉴타운 사업 초기에 사업지구로 지정된 1차 뉴타운의 거여 마천 지구는 사업 지구로 선정되기 전부터 무진장 올랐다.

뉴타운 재개발 사업의 핵심 권역인 마포, 용산 지구, 한남 뉴타운, 성수 거점 지구, 뚝섬 지구 등 소위 한강 벨트축 선상의 지역은 그 이상으로 올랐다. 일례로 용산 지구 내의 국제빌딩 인근의 자투리땅은 대지지분 3.3㎡(1평) 가격이 1억 원을 호가하기까지 했다. 이 정도니 뉴타운 재개발 시장을 두고 "미쳤다"고 표현하는 것이다.

부동산 버블이 외곽으로 확대되어 나가기 시작하면서 서울·수도권 전 지역에서 버블의 도미노 현상이 거세게 일어났다.

이 영향으로 서울에서 가장 저평가되어 있던 소위 노·도·강(서울 강북권의 노원구·도봉구·강북구 등 3개구를 지칭) 지역까지 자고 나면 시세가 뛰었다. 또 수도권에서 비수도권으로까지 폄하되던 경기 서남권의 시흥, 동북권의 의정부·양주·동두천·남양주의 아파트 가격은 단기간에 거의 모든 지역에서 최소 60%에서 100%

이상 올랐다.

수도권 전체에서 아파트 가격이 급등하면서 이 지역에 공급 물량이 넘치게 되었고 교통이 불편한 나홀로 단지까지 이 흐름에 편승해 높은 가격으로 분양 공고를 내도 사람들이 구름떼처럼 모여들었다. 지금이야 이 현상을 두고 이성적으로 이해되지 않는다고 말하지만 그 당시 탐욕에 눈 먼 사람들에게는 그 소리가 들리지 않았다.

탐욕적인 시장에서는 이성은 존재하지 않았다. 왜 안 그러겠는가. 집 한 번 사고파는 것만으로도 일해서는 10년 걸려 벌 돈을 다 버는 모습을 지켜봤으니 늦은 줄 알면서도 나만 손해본 것만 같고 결국 뒤늦은 선택으로 산 아파트는 마이너스 프리미엄을 받는 처지로 전락해 팔지도 못하는 애물 단지가 되고만 것이다.

이런 고민을 하는 사람이 꽤 많다 기다리면 오르지 않을까 그래도 손해보고 팔 수는 없지 않은가라고 생각하는 사람들에게 그나마 손해를 줄이는 일이 빨리 팔아서 금융비용이라도 덜 내는 것이라고 말해주고 싶다.

2012년, 아파트 시장은 버블 시점과 반대로 역 도미노 현상이 거세다. 아파트 시세가 과거로 회귀하고 있다.

버블의 마지막 수혜 지역 아파트 단지부터 가격이 원위치하고 있다.

한때 부동산 버블을 주도했던 분당·일산·중동 등의 1기 신도시 중대형 아파트는 시세 차익에 대한 기대감은 사라졌고 급락을 걱정하는 처지가 됐다. 단기간에 걸쳐 중대형 아파트가 가장 많이 공급됐던 용인시 아파트 단지들은 사실상 공황 상태다. 1기 신도시와 용인시의 정말 큰 문제는 부동산 시장에서 통용되는 가격 사이클에서 일탈되었다는 점이다.

부동산 버블 끝 무렵에 용인시에서 중대형 아파트를 분양받은 사람은 마이너스 프리미엄 상태임에도 불구하고 거래조차 되지 않아 팔 수도 없어 고정비 덩어리의 아파트를 안고 살아야 하는 처지가 됐다. 어디 이곳만 그런가, 서북부 메갈로폴리스를 지향하며 야심차게 추진되었던 인천 경제자유구역의 송도·영종·청라 지구와 한강 신도시, 검단 지구도 좀처럼 침체의 늪에서 빠져 나오지 못하고 있다.

이 와중에 한강 벨트축 선상의 주요 지역과 강남권만은 건재하다. 이 지역의 아파트를 대체할 수 있는 아파트 단지는 대한민국

어디에도 존재하지 않는다. 신규 개발된 판교·반포·잠실 재건축 단지들이 침체기에도 나름대로 선방하는 것은 이곳이 강남 핵심 지역에 근접해 위치하고 있다는 것 이외에는 달리 설명할 길이 없다.

현재 아파트 시장은 부동산 버블 이전보다 지역 간 양극화가 더 심해지고 있다. 이 흐름에서 중대형 아파트도 거주 공간과 시세차익을 동시에 얻는 투자는 가능하지 않다.

지방권의 부산·대전 등에서는 미분양 물량이 줄고 가격은 오르고 있다. 이를 두고 성급하게 아파트 시장이 되살아나고 있는 시그널로 보는 사람이 많아졌다. 여러분도 그 시각에 동의하고 있는가, 이는 부동산 시장의 시세차익을 독점했던 서울·경기 지역과 비교해 상대적으로 매우 저평가되었던 지방권 아파트가 불황기를 틈타 일시적으로 반등한 것이지 전체 흐름을 대변하고 있는 것이 아니다. 이는 주식 시장에서 대세 상승기가 지나 침체 국면이 되면 중소형주가 반짝 시세 흐름을 주도하는 현상과 같은 것이다.

[부동산 시장에서의 변화는 일찍이 시작됐다]

부동산 시장의 변화는 일찍이 시작됐다. 단지 그 흐름을 여러분이 눈치채지 못했을 뿐이다. 그렇다고 해서 부동산으로 돈 버는 시대는 끝났다고 하는 것도 옳은 판단은 아니다. 부동산 시장이 끝난 것이 아니고 새로운 상품이 주도하는 시대로 전환됐다고 하는 표현이 적절하다.

그동안 주택 시장을 주도해 왔던 중대형 아파트의 시대가 막을 내린 것은 부인할 수 없는 팩트(fact)다. 그러나 소형 아파트·오피스텔·원룸·다가구·다세대·다중 주택·상가 주택·단독 주택의 경제성은 중대형 아파트의 몰락과 반대로 새롭게 주목받고 있다. 이 흐름을 어렵게 생각할 필요가 없다. 수요가 시장 흐름을 주도하고 가격을 결정한다는 매우 상식적인 경제 법칙을 따르고 있기 때문이다.

중대형 아파트가 주목 받았던 이유도 나름대로 이유는 있었다. 소득의 증가, 1인 주거 공간 확대에 대한 욕구, 신규 아파트의 3베이(Bay) 구조로 한결 쾌적해진 주거 공간 등등, 그러나 도시가구 평균 거주 가족 수 3인의 시대가 도래하면서 중대형 아파트는 3인 가족이 거주하기에는 너무 넓다. 경제 성장은 더디게 진행되고 개인의 소득마저 주는 감속 경제 시대가 되면서 중대형 아파트에 대한 수요는 줄어들 수밖에는 없다. 이보다 더한 시장의 충격은 수요에 비해 지나친 공급 물량이다. 시장의 앞날은 모른다고 하나 팩트를 중심으로 논리적으로 시장 흐름을 분석하면 중대형 아파트 시장이 되살아날 것으로 기대하는 생각이 시장흐름과 크게 동떨어진 것임을 알 수 있다.

이런 와중에서 내 집을 마련하려는 사람에게 2가지 팁을 준다면 이렇게 말할 수 있다.

(1) 전세나 월세로 사는 것은 권장할 만한 일은 아니다

은행 금리가 낮아지면서 집 주인들은 가능한 월세 비중을 높이려고 한다. 임차인 입장에서 월세는 여간 부담스러운 것이 아니다. 전세로 살면 은행 정기예금 금리 정도의 기회비용을 까먹으면 되지만, 월세의 경우 보통 연 금리로 계산해 10%~12%의 기회비용을 잃게 된다. 임대 기간이 2년이라고 가정하면 2년 동안 예금 금리의 복리 수익률 개념으로 계산해서 임대기간 동안 25~27%의 돈을 앉아서 까먹는 꼴이다. 집값 상승에 대한 기대치가 낮다고 월세로 사는 것은 하나만 알고 둘은 보지 못하는 것이다.

앞으로 미래 가치 상승이 예상되는 소형 아파트, 주거용 오피스텔에 일부 빚을 내서 사더라도 내 집을 마련하는 것이 낫다. 예금 금리가 낮다는 것은 대출 금리도 따라서 낮아지는 것임으로 월세로 임대료를 내는 것과 비교해 경제적이다.

(2) 지역을 잘 골라서 사라

수도권 거주자 중 보금자리 주택 청약조건에 해당되는 사람은 보금자리 주택을 우선적으로 알아보는 것이 좋다. 보금자리 주택이 주변 시세 상승으로 가격 메리트가 많이 떨어진 상태라고 하지만 동일 지역 내에서 신규 분양되는 민간 건설이 짓는 아파트와 비교해 여전히 가격 경쟁력이 있다. 보금자리 주택을 제외하고 수도권의 신규 개발단지 중에서는 가격대비 경제성이 큰 곳이 광교 신도시다.

광교 신도시 내 아파트는 도시의 발전 가능성 인프라가 월등함에도 경계로 하고 있는 용인시 성복·신봉·상현 지구 시세보다 현저히 낮다. 광교 신도시는 신분당선 개통으로 서울 접근성도 크게 향상된다. 기존 신도시에서는 평촌 신도시 내의 오피스텔 단지를 주목해 보기 바란다. 평촌 신도시 내의 주거용 오피스텔은 서울 강남권 접근성이 용이하고 생활 편의시설이 잘 갖춰져 있으며 비교적 최근에 건축되어 주거 공간의 쾌적성에 있어서도 아파트에 비해 크게 떨어지지 않는다. 매매가도 강남 논현동·역삼동의 오피스텔 단지의 절반 수준이다. 임대 수익률은 은행 예금 세후 수익률보다 2배가 높다.

현재 수도권에서 상대적으로 낮은 가격으로 내 집 마련이 가능한 아파트 단지는 충분히 많다. 가격이 고점에 비해 크게 떨어져 있는 상태다. 그러나 소형 아파트·주거형 오피스텔이 아니라면 수도권 지역에서 내 집 마련을 권하고 싶지 않다. 앞으로 중대형 아파트로 내 집을 마련하려는 인구층이 크게 줄게 되고 소득도 받쳐주지 않는다. 또 한강 신도시·파주 신도시·검단 신도시 등의 신규 아파트 단지들의 경우 생활여건이 성숙되기까지는 오랜 시간이 걸린다. 예전 같으면 시세차익이라도 얻기 위해 불편함을 감수할 수 있었으나 현재는 전혀 그런 상황이 전혀 아니다.

결론적으로 말해 부동산 붕괴론에 너무 겁먹을 필요는 없다. 다만 시장의 변화가 과거에 비해 큰 폭으로 진행 중이므로 투자에 보다 더 신중해야 할 필요는 있다.

그리고 집값이 오르지 않는다고 해서 너무 애석해 하지는 말자. 집값이 안정되야 미래에 우리 아이들의 주거안정권이 확보될 수 있고 주거공간을 구하지 못해 결혼을 늦추는 불행을 막을 수 있다.
지금 대한민국에서 신생아의 울음소리만큼 큰 축복이 어디 있는가. 부동산 버블의 후유증으로 인해 높아진 임대가격으로 고통받았던 이들이 누구였던가. 바로 미래의 대한민국을 책임져야 하는 청년세대이며 우리의 자식들이다. 이것이 부동산가격이 오르는 일을 박수치고 마냥 기뻐만 할 수 없는 이유다.

당신이 속고 있는
재테크 불편한 진실 23가지

당신의 재정 설계는
너무 복잡하다고
생각하지 않는가

당신이 속고 있는 재테크 불편한 진실 23가지

당신의 재정 설계는
너무 복잡하다고 생각하지 않는가

"현재의 투자시장은 거의 완벽한 먹이사슬 구조에 의해 움직인다. 맨 위 상층부에는 개인의 잉여가치를 지속적으로 빨아들이는 금융회사가 위치해 있고 금융회사 밑에는 금융회사가 흘려주는 떡고물로 살아가는 비정규직 영업조직과 소위 전문가 그룹이 있다."

[지금 당신은 금융시장의 먹이사슬 구조의 하부로 존재하고 있다]

당신의 재정 설계는 갖고 있는 자산에 비해 너무 복잡하다고 생각지 않은가. 복잡한 것이 부를 불리는 데 도움이 된다면 그래도 된다. 그러나 곰곰이 생각해보자. 우리의 재정 설계가 이처럼 복잡해진 이유가 금융회사의 마케팅 공세에 놀아난 결과는 아닌지 하고 말이다.

　　현재의 금융 시장은 거의 완벽한 먹이사슬 구조에 의해 움직인다. 맨 위 상층부에는 개인의 잉여가치를 지속적으로 빨아들이는 금융회사가 위치해 있고 금융회사 밑에는 금융회사가 흘리는 떡고물로 살아가는 비정규직 영업조직과 소위 전문가 그룹이 있다. 이들이 정보를 독점함에 따라 금융 시장에서 정보의 "객관"은 볼 수가 없다. 그래서 우리는 이들이 원하는대로 투자하는 시장의 하부로 존재하고 있다.

　　시장의 변동성이 커졌다. 변동성으로 인한 위험은 피해갈 수 없다. 그러나 금융 시장의 먹이사슬 구조는 그 위험에서조차 어느 일방만의 희생을 강요한다. 바로 개인이다. 반면 금융회사는 거의 모든 위험으로부터 자유롭다. 수익이 나든 아니든 그 책임은 개인에게 전가되는 불공정한 구조 때문이다.

　　우리는 금융회사에 속한 PB(private banker)든 온라인에서 활동하는 사람이든 정말 많은 전문가 그룹을 만나게 된다. 그들간에 실력 차이는 있을 것이다. 하지만 간과해서는 안 될 것이 그들이 자본(금융회사)의 이익을 위해 일한다는 점이다. 투자의 주체로서 스스로 그 권리를 행사하지 못하면 당신은 이 먹이사슬 구조에서 빠져나오지 못한다. 이 불공정한 구조가 개혁되지 않는 한 당신의 포트폴리오는 경제성을 담보하지 못함에도 그들의 이익을 위해 복잡해지는 것을 멈출 수 없을 것이다.

[전문가의 아우라는 이미지 조작으로 가능하다]

우리는 막연하게 전문가가 말하는 것을 신뢰하는 경향이 있다. 그들이 어떤 이해관계를 가지고 움직이는지 모른 채 말이다.

그들이 우리보다 더 많은 전문적 식견과 더 많은 정보를 갖고 있다고 믿는 데 의심하지 않는다.

그러나 알고 보면 그들은 얇은 지식을 능숙하게 풀어내는 사람들이다. 물론 그들은 그들의 말이 항상 객관적이라고 포장한다. 하지만 그것은 "그들의 구미에 맞는 한 객관적이다." 정보의 바다에서는 구명 조끼를 던져주는 듯한 사람이 익사의 주범이 될 수 있다.

마이클 폭스라는 무명의 배우를 전문가인 척 꾸며 강연시켜보니 청중의 다수가 그가 엉터리임을 알아차리지 못했다. 이를 가리켜 "폭스효과"라고 부른다. 사실 우리 주변에는 이런 사이비 전문가가 많다.

문제는 이런 전문가 그룹이 자본(금융회사)과 투자자의 경계에서 균형 있는 정보를 제공해야 함에도 자본에게 일방적으로 유리한 정보만 포장해 확산시킨다는 점이다. 이런 예는 너무 많아 열거하기도 어렵다. 최근에만도 변액 보험에 투자한 사람은 원금도 지키지 못했고 평균 마이너스 22%의 손실을 안아야 했다. 이 무슨 바보 같은 짓인가, 돈을 대는 투자의 주체이면서 운용과 그 결과를 타인에게 맡기는 일이 말이다. 그래 좋다. 검은 고양이든 흰 고양이든 쥐만 잘 잡으면 되는 것이니까. 그러나 이들이 쥐를 잘 잡는가. 이들의 운용 수익률은 시장 평균을 못 넘는 데도 불구하고 수수료는 꼬박 꼬박 챙긴다. 왜 이렇게 불공정한 게임에 스스로 뛰어 드는가.

[연금 상품이 당신의 노후를 망치고 있는 것을 왜 모르는가]

노후 생활에 대한 압박감을 강하게 갖고 있는 사람의 심리를 이용해 현재 금융시장에서는 연금저축, 퇴직연금 상품 가입이 급증하고 있다. 과연 이들 상품에 투자한다고 해서 투자금 대비 개인의 노후가 나아질 수 있겠는가. 수수료를 제외한 연금저축 수익률은 물가 상승률에도 한참 못 미치는 고작 2% 수준이다. 퇴직연금을 운용하는 퇴직연금 사업자(금융회사) 49개사의 퇴직연금 수익률은(2011년 12월 기준) 절반이 마이너스 수익률을 기록하고 있다. 이런 상황에서 퇴직연금 사업자로 지정된 은행들은 2011년 운용 수수료만으로 1,700억 원을 챙겼다. 과연 이 돈은 누구의 주머니에서 나온 돈인가. 만약 정보가 객관적으로 투자자에게 전달되었

금융회사	수익률(연 %)	금융회사	수익률(연 %)
삼성생명	2.17%	기업은행	0.00%
한국투자증권	1.45%	신한은행	- 0.22%
산업은행	1.40%	우리은행	- 0.23%
교보생명	1.32%	하이투자증권	- 0.45%
대한생명	0.81%	삼성화재	- 0.57%
삼성증권	0.41%	농 협	- 0.86%
국민은행	0.37%	미래에셋증권	- 2.45%
외환은행	0.37%	미래에셋생명	- 2.64%
하나은행	0.16%	LIG손보	- 3.07%
HMC투자증권	0.08%	롯데손보	- 3.29%

퇴직연금이란

기업이 회사 내에 적립했다가 퇴직자에게 일시금으로 주던 퇴직금제도를 바꿔 금융회사에 맡겨 퇴직금을 굴리게 하고 그 돈을 퇴직자에게 연금 형태로 지급하는 것이다. 원리금 보장 여부에 따라서 원리금 보장형, 실적 배당형으로 나뉜다. 연금 운용기관을 근로자가 지정하면 확정기여형, 회사가 정하면 확정급여형으로 분류된다. 현재 금융회사의 퇴직연금 적립금은 49조 9,168억 원으로, 2005년 163억 원, 2007년 2조 755억 원, 2009년 12조 248억 원과 비교해 급속히 증가하고 있다.

더라면 이런 멍청한 투자를 할 사람이 과연 있을까? 우리나라의 GDP대비 사회복지 예산은 약 9%로 복지선진국인 프랑스, 스웨덴의 28.4%, 27.33%와 비교해 3분의 1 수준이다. 따라서 민간 금융회사가 운용하는 연금시장은 빈약한 사회복지를 대체하는 의미가 크다. 그런데 현재 연금저축 수익률은 노후에 보탬이 되는 것이 아니라 노후를 망치고 있다. 정작 더 큰 문제는 개인의 노후를 망치는 이런 정크(Junk, 쓰레기) 금융상품 가입자가 계속 늘어나 2011년 말 기준으로 576만 4,000명이나 된다는 사실이다.

소위 금융 전문가들이라는 사람들이 추천하는 포트폴리오의 대부분은 금융회사의 저질(低質) 금융상품으로 채워진다. 그래서 당신의 투자가 복잡할수록, 금융회사 의존도가 클수록 당신의 재정 설계는 실패한다고 말하는 것이다.

전문가 그룹, 금융회사 PB들이 던지는 말에 현혹되지 않기를 바란다. 이들에게 당신은 그저 눈먼 먹이감으로밖에는 보이지 않는다. 지금 당장 치명적인 질병을 담보하는 CI 보험, 급여 이체 통장(CMA)을 빼고 은행 상품, 저축성 보험은 거래를 중지하라. 그 결단이 빨라질수록 당신의 재정 설계는 미래의 풍요로움을 기대할 수 있다. 아무런 경제적 효용성을 갖고 있지 못하는 금융 상품에 그것도 여러 개의 통장에 나눠 투자하는 바보 같은 투자를 하는 것은 당신 스스로 그들이 쳐 놓은 덫에 갇히는 것임을 명심하기 바란다.

TIP

보험사가 말하는 "예정이율"이란 도대체 무엇인가.

보험사는 공시이율을 예정이율로 부른다. 보험사의 저축상품은 모두 예정이율을 적용한다.

예정이율이 보험사마다 차아가 나는 이유는 예정이율이 시장금리 변동과 보험사의 자산운용 수익률의 결과를 반영해 결정하는 구조이기 때문이다. 예정이율 방식은 매월 공시이율이 변하는 변동금리다. 변동금리는 향후 금리가 더 떨어진다는 것을 가정해 볼 때 소비자에게 매우 불리한 이자율 적용방식이다. 이를 눈치챈 고객의 불만을 잠재우기 위해 보험사는 "최저 보증이율"이란 제도를 운용한다. 그러나 보험사가 현재 제시하고 있는 최저 보증이율은 2.0%~2.5% 정도다. 또 10년 초과의 경우 이보다 낮은 약 1.5%의 금리를 적용한다.(이것조차 사업비로 빠져나가는 돈은 제외하고 계산된다)

연금 상품은 10년 이상의 장기간을 요하는 저축상품이다. 따라서 금리 1%만 차이가 나도 10년 후 복리로 계산했을 때 어마어마한 연금 지금액의 차이를 가져올 수 있다.

현 시점에도 개인연금 가입자의 74%가 선택하고 있는 연금저축보험의 실질 수익률이 마이너스다. 앞으로 예정이율이 더 떨어진다면 연금저축보험에 가입한 사람들은 "패닉" 상태에 빠져 무슨 일을 저지를지 심히 우려된다.

왜 이런 상품을 선택해서 안 해도 될 고민을 스스로 자처하고 있는가.

손해가 더 커지기 전에 지금 당장은 손해를 보더라도 빨리 해약하는 것이 장기적으로 손실을 줄이는 길이다.

[주식도 단순하게 투자하면 위험을 크게 낮출 수 있다]

실질금리 제로 시대를 넘어서 표면 금리마저 제로 시대가 예상되는 시대에 노후 준비에 대한 압박감을 받는 사람들에게 주식투자는 고위험이 따르니 하지 말라고 하는 것은 논리적으로 맞지 않는다. 그러나 이렇게는 얘기할 수 있다. 주식투자를 해도 그 위험을 최소화하는 방법들에 대해 생각해 보라고….

투자에서 정말 잘못 알려진 데마고그가 "고위험이 고수익을 낳는다는 소위 high risk high yield"다. 이 말은 현실에서는 사기에 가까운 논리다. 적어도 한국에서는 그렇다.

지금까지 개인의 부를 가능케 했던 투자상품은 전형적인 "low risk low yield" 투자상품인 수익성 부동산, 채권, 채권 관련 상품이었다. 반면 고위험 투자상품인 액티브 펀드(주식 편입비중이 높은 주식성장형펀드), 이머징 마켓 펀드, 파생상품이 덕지덕지 붙은 ELS(equit linked securitis), 변액보험은 수익률을 통계로 평가했을 때 그 결과는 투자자의 무덤이었다.

고수익은 없고 고위험만 있는 게 이들 상품이다. 주식투자 인구가 늘면서 펀드 회사들은 물고기가 물 만난 격이다. 이미 시장에서 실패가 검증된 상품도 망각의 효과로 다시 돈이 모여 든다.

여러분이 희생자가 되지 않기를 바란다.

주식투자는 기대 수익률을 낮추는 한이 있더라도 투자 위험을 최대한 줄이는 방법을 우선 생각해야 한다. 이에 합당한 투자 전략은 단순하게 투자하는 것이다. 대선 분위기가 달아 오르면서 정치인 테마주 광풍이 불었다. 과연 이렇게 기본 없는 투자가 오래 갈 것 같은가. 단순하면서 기본에 충실한 투자를 해라. 주식 시장의 변동성을 극복하는 최고의 방법은 역설적으로 단순함과 기본에 충실하는 것뿐이라는 사실을 진정성 있게 받아들이기 바란다.

주식 직접 투자에서 오는 위험을 펀드 투자로 대체하라는 말은 가당치 않다. 인덱스, ETF(상장 지수 펀드), 채권형 펀드를 빼면 최근의 펀드는 자산 운용사만 아는 언어로 그들만의 잔치를 벌이고 있다. 펀드 유형 중에서 그나마 저위험 펀드에 속한다는 ELS만 해도 상품설명서 읽다가 하루가 다 갈 정도로 복잡하다. ELS는 펀딩된 자금의 70% 이상을 안전 자산에 투자하고 그 나머지 금액만으로 주식에 투자해 위험을 낮췄다고 말한다. 그러나 ELS는 상품 설계에 따라 녹아웃, 스텝다운, 불 스프레드, 디지털 리버스컨버터블, 양방향 녹아웃 형 등 그 유형만도 결코 적지 않다. 그리고 여기에 선물, 옵션 등의 파생상품을 결합해 투자 위험이 상당히 높아졌다.

회사마다 상품설계 운영지침이 다르다는 것을 감한하면 더 복잡하다. 돈도 벌지 못하고 펀드 회사 돈만 벌어주는 상품에 투자하기 위해서 머리 싸매가며 공부까지 해야 한다. 도대체 왜 이런 투자를 하나. 펀드 회사가 주력으로 미는 펀드는 대부분 그들에게만 돈 벌어 주는 수수료가 높은 펀드이다. 비근한 예로 얼마 전까지 증권사 최고의 상품이었던 랩 어카운트가 지금 어떤 결과를 가져왔는지, 또 펀드형 보험이라는 변액 관련 보험들의 수익률이 지금 어떤 처지에 있는지를 알면 절대 투자하지 못할 것이다.

5년 전 통찰력이라는 이름으로 야심만만하게 출범했던 미래에셋의 인사이트(insight) 펀드가 어떻게 비극적인 종말을 맞았는지 잘들 알고 있을 것이다. 수많은 투자자에게 피눈물을 안겨줌은 물론이고 그들의 기회비용마저 앗아갔다. 그럼에도 미래에셋은 엄청난 돈을 벌었다. 투자자가 낸 수수료 덕분이다. 수수료는 원금이 손실이 발생해도 내야 한다. 반면 펀드 회사는 이에 대해 어떤 책임도 지지 않는다. 이처럼 불공정한 상품이 세상에 존재한다는 것 자체가 우리의 자본주의가 얼마나 일그러져 있는지를 보여주는 사례다. 정부가 시장에 개입해서 적어도 수수료보다도 못한 수익률을 내는 펀드에는 수수료를 받지 못하게 해야 한다.

[연금 사업자를 통제하지 않으면 안 되는 상황이 왔다]

은행이 판매하는 개인 연금 신탁의 경우에는 수익률에 따라서 수수료를 차등 지급하게 하고, 보험사의 연금 저축 보험도 사업비에 대해서 사전에 투자자에게 반드시 고지하게 해야 한다. 보험 가입 후 매월 중도 해지 시의 해약 환급금에 대해서도 명확히 투자자에게 알려 투자자가 보험사가 말하는 금리라는 것이 일체의 사업비를 공제한 후의 보험금을 기준으로 금리 계산이 이뤄진다는 것을 인지할 수 있게 제도화시켜야 한다.

그렇지 않으면 보험 가입의 니즈가 없는 사람이 보험사의 저축성 보험을 일반 금융상품으로 인식하고 투자하는 것을 막기 어렵다. 보험은 그것이 저축성 보험이라 한들 사업비를 공제하고 난 후 금리를 계산한다. 그래서 저축성 보험은 중도 해지를 할 경우 이자는 고사하고 원금도 못 받는다. 심지어 1년 이내에 중도 해지 시는 자신이 낸 보험금을 거의 받지 못한다. 이것이 그들이 말하는 저축성 상품이다.

소비자에게 저축성 보험은 수많은 저축상품의 한 가지일 뿐이다. 이들 상품 중에서 안정성, 환급성, 수익성 그리고 중도 해지 시의 해지환급금을 기준으로 해서 비교우위에 있는 상품은 선택하면 된다. 보험사의 저축성 보험도 이 기준에 따라야 한다. 그렇다면 보험사의 저축성 보험은 은행, 저축은행, 상호금융회사, 종금사, 증권사의 저축상품과 비교해 완전히 다른 상품이다. 보험사

가 저축성 보험의 예정이율이 5%가 넘고 복리로 금리가 체증된다
고 말하는 것은 보험금에서 사업비를 공제한 후 금리계산을 하는
것으로 다른 금융회사의 계산법과 다르다. 예를 들어 증권사의 적
립식 RP의 금리가 4.3%라면 만기 후 그에 해당하는 이자를 지급
한다. 그러나 보험사 저축성 상품은 이 일반적으로 통용되는 저축
상품의 금리 계산법이 적용되지 않는 그들만의 계산법이다.

[왜 정부는 항상 자본의 이익을 위해 존재하는가]

정부가 시장의 불공정 행위에 개입해 바로잡는 일도 정부가 당연
히 해야 할 일이다. 정부는 시장의 공정한 관리자가 되어야 하는 의
무가 있다. 미국이 왜 20세기 초반에 강력한 반독점 규제법을 만들
어 금융자본에게 재갈을 물렸겠는가. 금융자본을 통제하지 않고서
는 그들의 탐욕으로 인해 시장이 공멸하는 사태가 오기 때문이다.
최근의 미국 발 금융 위기는 금융자본에 대한 강력했던 규제법이 완
화되고 용도 폐기되면서 발생한 일이다.

인사이트 펀드에 투자한 사람이 인사이트 펀드에 투자하지 않
고 하방 경직성이 강한 시가총액 상위 우량주를 중심으로 경영 성
과가 양호한 기업이나 내수시장에서 가격 결정권을 갖고 있는 독
점적 기업에 투자했다면 어떤 결과를 얻었을까? 주가가 일정 가
격 이하로 떨어져도 손절매의 결정권은 내가 갖고 있기 때문에 손

실을 최소화시킬 수 있었다. 소위 블루칩의 특징은 주가의 하방 경직성이 강한 반면 상승장으로 전환되면 신고가를 갱신하는 것이 일반적이다.

정부는 자본(금융회사)이 제도라는 합법적 공간에서 개인의 잉여소득을 강탈하는 것을 막아야 하는 의무가 있다.

국민의 세금으로 국가의 재정을 운용하는 정부가 자신의 역할을 못하고 개인의 노후문제를 금융회사에게 전가시키고 있다. 연금저축, 퇴직연금을 금융회사에서 판매를 허용하는 조치는 정부가 국민의 노후문제를 방임하는 것이나 다름없다. 그리고 간과해서는 안 되는 문제가 정부가 퇴직연금 제도를 강제하고 있음에도 퇴직연금 운용사업자(금융회사) 대부분이 마이너스 수익률을 기록 중이라는 것이다. 결국 정부는 퇴직연금 시장에서조차 개인의 희생을 전제로 금융회사에게는 막대한 이익을 안겨주고 있다. 정부가 국민의 노후 생활의 생명줄이랄 수 있는 연금시장을 민간 금융회사에게 맡겨서는 안 된다. 노후 복지가 취약한 우리나라에서 연금시장을 금융회사에게 맡기는 일은 고양이에게 생선을 맡기는 격으로 정부가 국민의 노후 복지를 악화시키는 일에 동조하는 것이나 마찬가지이다.

[우리는 안 해도 될 고생을 스스로 사서 하고 있다]

주가를 결정하는 것이 무엇인가. 우선은 기업의 내재가치가 될 것이다. 주가는 기업의 실적에 물으라는 말이 그나마 주식투자에서는 설득력이 있다.

기업의 내재가치를 알려면 기업의 경영성과를 기록한 재무제표, 업종현황, 기업의 핵심 킬러(Killer)상품의 경쟁력, 향후 업계 동향, 환율, 금리가 사업에 미치는 영향 등 매우 복잡한 변수를 종합적으로 분석을 해야 한다. 이것으로 끝나는 것이 아니다. 주가 변동을 통계적으로 분석해 대처하는 챠트 분석도 해야 한다. 여기에다가 돌발적으로 발생하는 국제 정치의 변수까지 감안해야 한다.

이 복잡한 함수를 풀 수 있는 일은 인간의 힘으로는 도저히 불가능하다. 그러니 자칭 전문가라고 하는 이들이 자신들의 변명거리를 만들기 위해 후행지표에 불과한 챠트에 열심히 그림만 그리고 있는 것 아니겠는가.

우리는 사실 자칭 전문가라고 하는 이들의 말을 믿지 않는다. 그럼에도 이들의 말에 귀를 기울이는 이유는 우리가 점쟁이에게 가서 점을 보는 이유와 같다. 즉 무엇을 기대해서가 아니다. 위로 받기 위함이다.

최근 투자자 대부분이 그림 그린다고 표현할 정도로 모두 챠트 분석에 열을 올린다. 주식 정보로 먹고사는 이들에게도 챠트 분석은 그들에게 책임을 면할 수 있는 훌륭한 도구다. 후행지표에 불과한 챠트 분석에 모두가 단합해 몰두하는 이유도 예측 가능하지 않은 주식시장에서 그나마 점쟁이 역할을 하는 것이 챠트 분석이기 때문이다. 점쟁이들도 그들 나름대로는 각종 점치는 도구를 보여주며 과학이라고 말하고 있지 않은가!

주식시장에서의 인간의 심리, 투기자본에 의한 변동성, 앞날을 예측 못하는 국제 정세, 이 모든 변수들과 싸워가며 주식투자를 한다는 것은 어려운 일이다. 로또 1등 당첨만큼의 확률을 가진 게임이다.

주식투자 위험을 축소시키면서 수익률을 높이는 방법은 적어도 3가지의 원칙은 갖고 투자하야 한다.

첫째, 안전 자산에 우선 투자하고 주식은 이전수익 확대용으로 활용한다.

복잡한 얘기가 아니다. 여유자금 규모에 따라서 대표적인 안전 자산이면서 최소 정기예금 이상의 수익률이 보장되는 소형 오피스텔(소액으로 투자 가능하고 경기 서남권 소형 오피스텔은 연평균 10%의 수익률이 가능하다), 투자적격 채권인 BBB⁻ 등급 이상의 회사채(기업이 발행하는 회사채는 정기예금 단리식처럼 일정 기간마다 이자가 지급되는 이표채로 연수익률은 6~8% 수준)에 우선 투자하고, 여기서 발생하는 소득(월세, 이자)으로 최소 2년 이상 주식을 사는 방법이다. 이렇게 하면 적립식 투자의 분할 매수 효과가 발생한다.

둘째, 포트폴리오를 단순화한다.

포트폴리오 효과는 서로 다른 투자수단과의 결합을 통해서 발생한다. 단일 투자 상품으로 포트폴리오해서는 소위 말하는 시너지 효과가 없다. 많은 수의 종목으로 주식에 투자해도 주가가 급락하면 정도의 차이가 있을 뿐 주가 하락을 피해가지 못한다.

소수의 종목에 투자하되 우량종목 중심으로 미래가치(기업 실적이 개선될 가능성이 높은 종목)가 상승될 종목에 투자한다. 시가 총액 상위 우량종목, 독점적 시장 지배력을 가진 기업이라도 실적이 뒷받침되지 않으면 주가는 상승하지 못한다. 이 문제를 풀기 위해서는 최소 4개~5개의 종목을 선택해 기업의 경영현황을 실시간으로 알려는 노력을 해야 한다.

셋째, 기대 수익률을 낮춰야 한다.

주가가 하루만 상한가를 쳐도 연수익률로 따져서 150%가 넘는다. 상한가 행진이 열흘 만 이어져도 투자 원금의 두 배가 되는 것이 순식간이다. 그러나 이런 행운이 쉽게 올리가 없다. 그 반대의 경우도 그 만큼의 크기로 하한가를 맞을 수도 있다.

주식투자의 수익률에 착시현상을 가져서는 안 된다. 기대 수익률이 높으면 정크(JUNK: 쓰레기란 뜻으로 투자위험이 높은 주식이나 채권을 말하는 것임) 종목에도 손대는 것이 인간의 심리다. 이를 인간의 이성이 극복하지 못한다. 높은 기대 수익률은 항상 레버리지를 수반하게 되어 있다. 이는 스스로 거대한 불기둥에 뛰어 드는 매우 위험한 행동이다. 주식투자에서 평정심을 유지하면서 투자로 스트레스 안 받고 투자하는 방법은 기대 수익률을 낮추고 여유자금의 일정부분 내에서 주식을 사는 방법밖에는 없다. 주식투자는 많이 안다고 돈 버는 게임이 아니다.

우리는 여유자금은 일천함에도 너무 많은 통장과 펀드에 투자하고 있다. 이렇게 하면 위로는 받을 수 있을지 모르지만 돈은 벌지 못한다. 현재의 경제 흐름에서 안정성과 수익성이 검증된 투자상품에 올인하고 거기서 파생되는 소득(월세, 이자)을 가지고 이전소득을 늘리는 방법으로 투자해라. 지금의 경제환경에서 최선의 투자는 100% 원금을 지키면서 최소한 실질 수익률이 1%라도 발생시키는 것임을 명심하기 바란다.

당신이 속고 있는
재테크 불편한 진실 23가지

감성은 거대한 코끼리이고 이성은 초라한 조랑말이다

당신이 속고 있는 재테크 불편한 진실 23가지

04

감성은 거대한 코끼리이고 이성은 초라한 조랑말이다

"인간은 본래 동물의 감성이 지배하는 탐욕적인 존재다. 도구를 이용할 줄 아는 유일한 동물, 인간은 스스로를 이성적 존재로 규정했지만 인간은 본래의 본성에서 벗어나기 어렵다. 그래서 인간의 탐욕을 방임하는 시장에서는 독점자본의 출현과 가난한 자의 양산이 필연적으로 나타난다."

주류 경제학은 인간은 이성적 존재이고 인간이 지배하는 시장을 합리적으로 작동한다는 것을 기초 가설로 발전해 왔다.

현대 경제학의 창시자로 숭배되고 있는 아담 스미스가 그의 저서 〈국부론〉에서 단 한 번밖에는 언급하지 않은 "인간이 주체인 시장은 보이지 않는 손에 의해 작동된다"는 것을 그의 후학들은 거의 맹신한다. 그러나 시장은 그 반대로 인간의 탐욕을 배제하지 않으면 그 모순이 확대된다.

인간은 본래 동물의 감성이 지배하는 탐욕적인 존재다. 도구를 이용할 줄 아는 동물, 인간은 스스로를 이성적 존재로 규정했지만 인간은 그 본성에서 벗어나기 어렵다.

그래서 인간의 탐욕을 방임하는 시장에서는 독점자본의 출현과 가난한 자의 양산이 필연적으로 나타난다.

현대 경제학의 창시자로 알려진 아담 스미스는 실제로는 경제학자가 아니었다. 그는 당시 유행했던 계몽주의 영향을 크게 받은 윤리 철학자였다.

아담 스미스가 꿈꾸던 세상은 자유·경제·정의가 조화롭게 공존하는 세상이다. 그는 절대왕권이 지배하던 시장을 시장의 주체인 시민에게 돌려줌으로써 분업과 협력을 통하여 생산량은 증가하고 상품의 가격은 낮아져 시민들의 생활이 향상될 것이라고 믿었다. 그러나 시장은 그가 원하던 대로 작동되지 않았다. 시장에서 보이지 않는 손의 역할은 사라졌고 자본가가 노동자의 잉여 가치를 독식하는 독점자본의 시대만 앞당기게 됐을 뿐이다.

[시장을 지배하는 것은 이성이 아니다]

심리학자로서는 최초로 노벨 경제학상을 받은 다니엘 카너먼은 시장에서의 이성은 작은 조랑말이고 감성은 거대한 코끼리라고 말하고 있다.

주류 경제학이 현재의 경제 위기의 해법을 제시 못하고 있는 사이 행동 경제학이 그 대안으로 급속히 떠오른 것도 1990년대 이후 세계 경제의 주류 이론인 밀턴 프리드만의 자유, 경쟁, 개방을 핵심 개념으로 하는 신자유주의로는 경제 문제를 해결할 수 없다는 철저한 반성 위에서 시작됐다.

인간의 탐욕을 무한대로 방임하는 신자유주의 경제 시스템에서 독점자본의 시장 지배력은 더 강화되고 빈부의 격차는 필연적으로 발생한다.

신자유주의 경제는 이제 상위 20%가 세상의 돈 80%를 갖는다는 2 대 8 자본주의에서 상위 1%가 세상의 돈 99%를 소유하는 극단적인 부의 양극화 시대로 진입하였다.(※ 1% 대 99%의 논리는 자칫 신자유주의에서는 필연적으로 발생하는 "가난"의 문제를 희석화 시킬 수 있다는 점을 유의해야 함)

세계 돈의 98%는 투기 펀드가 쥐고 있다. 그럼에도 이들은 자산의 확대 재생산을 꾀하기 위해 극한의 파생상품을 만들고 운영한다. 이로 인해 세계 경제에서 금융 위기는 수시로 반복되는 상수(常數)가 됐다.

금융 위기가 상수화된 경제에서 이성적으로 투자해서 무엇을 얻을 수 있을까?

리먼 브라더스 파산으로 시작된 금융 위기는 대공황 이후 인류가 겪은 최대의 경제 위기로 기록되고 있다. 금융 위기의 주범은 월가의 메가 뱅크다.

이제는 위기의 근원지를 추적하는 것은 무의미하다. 그보다 금융 위기 이후 시장의 흐름을 인지하고 이에 따라서 우리의 대응 전략을 모색하는 기회로 삼아야 한다.

금융 위기는 맨 처음 유동성의 위기가 발생하고 금융 시스템의 위기가 온다. 이후 그 위기가 실물 경제의 펀더맨털 약화로 이어진다.

금융 위기의 극복 과정은 이와 역순으로 진행된다. 유동성 위기가 극복되면 유동성 위기를 불러온 금융 시스템을 개혁하고 이를 통해 경기가 자연스럽게 선순환으로 이어지는 위기 극복 과정을 거친다. 소위 위기 극복 과정에 근거하여 볼 때 금융 위기가 발생한 지 5년이 다 되어 가지만 지금 세계 경제는 회복되었는가. 이 부분에서 우리는 부정적 판단을 내릴 수밖에 없다. 유동성 위기는 과거보다 축소되기는 하였으나 국지적으로 지역을 달리해 계속되고 있다. 결과적으로 금융 위기는 극복되지 않았다. 실물 경제도 이전보다 더 불안정성이 커졌다.

금융 위기가 오면 시장 주체는 누구 할 것 없이 극도의 공포감을 갖게 된다.

1990년대 이후 세계 경제는 기존의 경제 사이클에서 벗어나는 장기 호황이 계속됐다. 적어도 금융 위기가 오기 전까지 말이다.
하지만 이 호황이 투기 자본의 자산 확대 전략에 의한 버블의 착시현상이라는 것을 깨닫기까지 오랜 시간이 걸리지 않았다.

과거 경기 순환은 주로 인플레이션과 관련해 발생했다. 기존의 경기순환 이론대로라면 경기 호황으로 인플레이션이 발생하면 중앙은행은 금리를 올려 물가를 통제하는 방법보다 경기가 선순환되기까지 인내심을 갖고 기다렸다.

1990년대 이후의 경기 호황은 경제의 펀더멘탈보다 대부분 자산 버블로 이뤄졌다는 면에서 호황이 경제의 안정성을 해치는 역설이 존재하게 했다.

[금융 위기는 자산의 버블이 꺼지면서 발생한 것이다]
과거의 금융 위기는 국지적 수준에서 진행되었다. 그러나 최근

발생하는 금융 위기는 세계에서 동시다발적으로 진행된다는 측면에서 심각하다.

금융 위기가 발생한 이후 주류 경제학계 내에서는 경제학이 현실 경제를 전혀 분석하지도 진단 내리지도 못하는 "경제학 혼돈의 시대"로 진입했다고 정의 내리고 있다.

최근의 금융 위기가 과거와 다른 또 하나의 다른 점은 금융 위기가 실물 경제로 전이되는 속도가 유례를 찾아보기 힘들 정도로 빠르게 진행된다는 점이다.

경기 하강 속도 역시 대공황 때만큼 짧은 시간에 이뤄진다는 것도 과거의 금융 위기와 본질적으로 다르다.

이로 인해 과거의 경기순환 패턴을 기준으로 하는 전망은 어떠한 효용성도 갖지 못한다. 요즘 경기 예측 무용론이 대세인 이유도 지금의 경제 흐름이 과거와 다른 양상으로 진행되고 있기 때문이다.

금융 위기는 현재도 계속되고 있다. 이유는 단순하다. 인간이라는 존재는 과거를 빨리 잊어버리는 망각의 동물이고 과거로부터 아무것도 배우지 못하는 존재이기 때문이다.

금융 위기 때 월가의 메가 뱅크들이 어떻게 소생했는가. 물론

자력으로는 아니다. 미 국민이 낸 공적 자금으로 살아났다. 그러나 그들은 과거의 행태를 벗어나지 못하고 있다. 금융 위기 초기 강력했던 미국 정부의 서슬퍼렇던 개혁 의지도 사라졌다.

결국 미국의 납세자 일반 시민만 고통을 짊어지고 있다. 이것이 세계를 공포와 두려움에 떨게 만들었던 금융 위기의 실체다.

이제 우리는 투기 펀드가 만드는 금융 위기와 이로 인한 공포를 안고 살아갈 수밖에 없다.

유로 존의 금융 위기가 극복된다 해도 금융 위기는 지역을 달리해 계속된다.

[투기 자본이 지배하는 불공정한 금융시장은 우리나라라고 비켜 가지 않는다]

금융 위기의 영향으로 2009년 국내 증권시장의 주가가 급락했다. 그러나 2009년의 경영성과를 반영하는 2010년 펀드회사 대주주의 배당액은 사상 최고액을 기록했다. 미래에셋의 펀드 대부분이 수익률이 떨어져 투자자는 피눈물을 흘리고 있는 순간에 미래에셋의 대주주 박현주는 150억 원의 배당금을 챙겼다.

펀드를 만들고 팔 수 있는 라이센스 한 장이 가져다주는 가치치고는 너무 크다고 생각되지 않는가.

2011년 수면 위로 떠올라 많은 사람을 분노케 했던 저축은행 사태는 금융시장의 부패 고리가 물리적 통제 없이는 해결되지 않음을 잘 보여주는 대표적 사례다. 저축은행에 대한 금감원 감사는 대개 5억 원 이상의 대출에 대해서는 크로스 체크가 원칙이다. 그런데 부산 저축은행사태에서는 이 원칙이 전혀 지켜지지 않았다.

부산 저축은행의 경우 자산 규모가 10조 원이 넘는 회사의 부실 총액이 그 절반을 넘는다. 그 돈은 다 예금주의 돈이다. 저축은행의 예·적금은 1인당 5천만 원까지 원리금 보장된다고 하지만 고금리의 미끼에 걸려 후순위 채권에 투자한 사람들은 투자원금을 날리게 됐다. 후순위 채권에 투자한 사람은 대부분 금융 거래에 익숙지 않은 어르신들이다. 젊은 사람이면 후순위 채권이 예금 보호 대상이 아니라는 것을 모르지 않았을 것이다.

[저축은행 사태는 국민의 공분을 사기에 충분한 공익 범죄다]

저축은행은 계정이 단순하다. 예금·적금이 주력이다. 모든 저축은행의 자산을 다 합해도 금융지주회사의 5분의 1도 안 될 정도로 소규모다. 그리고 저축은행을 대체할 금융회사도 많다. 그럼에도 저축은행 파산 시마다 공적 자금을 투입해 살리는 것은 이해되지 않는 일이다. 왜 존재해야 하는지도 모르고 사회의 공익에도 전혀 기여하지 못하면서 국민에게 피해만 입히는 이런 금융회사에 국민의 혈세가 사용되는 것은 경제논리로 이해되지 않는다. 저축은행이 모두 사라지면 금감원 직원 밥그릇이 줄어들기 때문인가? 도대체 이해할 수가 없는 일이다.

서민 경제가 어렵다고 아우성이다. 그런데 금융회사들은 점점 더 많은 돈을 번다.

금융회사가 점점 더 돼지가 되어 가는 이유는 그들의 비겁한 영업방식 때문이다.

금융회사의 영업방식은 비정규직을 하부구조로 해서 그들의 잉여가치를 빼앗는 전형적인 불법 다단계 이상 가는 피라미드 영업방식이다.

마을 신문을 펼쳐보면 하루도 빠지지 않고 나오는 구인 광고가 카드사, 보험사, 은행의 비정규 영업사원 광고다. 이 광고를 내는 주체는 금융회사가 아니다. 소위 SM(sales manager)이라고 하는 리쿠르팅을 전문적으로 하는 비정규직들이다. 이들에게 리쿠르팅은 곧 수익으로 연결되기 때문에 자비로 광고를 낸다.

이들에게 걸려든 사람은 고정급 하나 없고 4대 보험조차 안 된다. 비정규 영업조직은 자신들의 연고 선상에 있는 사람을 공략해 성과급을 받는다. 그러다 연고에 의한 고객이 떨어지면 바로 용도폐기된다.

피라미드 구조의 최 말단에 위치한 비정규 영업조직은 영업으로 수익이 발생하지 않으면 자진해서 그만둔다. 이들이 그만두어도 이 자리를 다른 비정규 신규 영업조직이 대체한다. 시간이 지나면 이들도 퇴출된다. 이렇게 돌고도는 것이 무한 반복된다. 이들이 영업을 그만두어도 그들이 갖고 온 영업 성과는 회사에 귀속되기 때문에 회사는 손해날 것이 없다. 그리고 무엇보다 이들에게는 퇴직금도 없고 인력관리에 드는 비용도 발생하지 않는다.

금융회사 입장에서 이보다 훌륭한 인력구조가 어디 있겠는가. 회사 수익에 절대적으로 기여하는 영업부분을 월급도 안 주는 비정규직이 다해 주고 이들의 리쿠르팅조차 또 다른 상위 레벨의 비정규직이 다 해 주니 금융회사는 그냥 빨대 꼽고 이들의 영업 성과를 빨아 먹기만 하면 된다.

이렇게까지 해서 가난한 사람 더 희망 없게 만들어 돈 많이 벌면 좋은가? 이게 우리나라 재벌계열 금융회사들이 하는 짓거리다.

사람에게 일을 시키려 한다면 제대로 대우하고 일을 시켜야 한다. 정말 당당히 근로기준법을 지키고 공정한 보상을 해야 한다. 커튼 뒤에 숨어 있지만 말고 말이다. 이런 면에서 국내 금융회사

의 대주주는 우리 사회에 어떠한 공익적 행위도 하지 않는 존재들
이다.

금융회사는 시장 시스템에 의해서 성장했음에도 시장의 룰(rull)
을 스스로 업신여기고 있다.

이들이야 말로 자본주의의 적이 아니고 무엇인가?

자본주의 시스템이 유지되는 근간은 인간의 노동에 대한 정당
한 보상임을 잊어서는 안 되는 것이다.

정부 관료들은 그들의 속성상 자본의 편을 든다. 그래도 공익을
우선해야 할 사람이 관료다. 국가의 녹을 먹는 사람들이 국민의
편에서 일을 해야 한다.

이들이 자본의 편에 서서 한 정책들이 시장에서 역기능을 일으
켜 국민들의 삶을 얼마나 힘들게 했는지를 반성해야 한다.

정부가 국민의 희생을 전제로 특정 계층의 이익을 주는(profit
over people) 정책을 해서는 안 된다.

이런 정책들은 시장에서의 공정성을 정부 스스로 포기하는 행
위다.

이명박 정부 들어와서 한 고환율 정책이 대표적인 "profit over
people" 사례다. 고환율로 득을 본 것은 대기업이고 그 피해는 고

스란히 일반 국민에게 전가되었다. 정부는 대기업의 이익이 차고 넘치면 그 혜택이 국민에게 간다는 소위 낙수효과를 기대하고 대기업 편중 정책을 썼다고 하지만 낙수효과는 없고 대기업 배를 불리는 일만 한 꼴이다.

우리는 잘 살기 위해서라도 경제 흐름에 주목해야만 한다. 시장의 변동성은 과거에 비해 놀라울 정도로 커졌다. 이렇게 변동성이 비대한 시장에서 어떠한 투자 자산도 객관적 가치를 검증할 수 없다. 상대적 가치에 의해 가격이 결정되는 구조이기 때문이다.

저금리를 넘어 실질금리 제로 시대가 오면서 높은 리스크가 수반되는 위험 자산에서 기회를 찾으려 한다.

그러나 투기 자본이 지배하는 시장에서는 안전 자산도 금융 위기가 오면 위험 가중치가 높아진다. 위험 가중치가 높아진다는 것은 기회 이익도 커지는 것을 의미한다.

금융 위기가 와도 겁먹지 말고 우량 채권·우량 종목에 투자를 늘려라. 지금의 금융 위기는 펀더멘털이 아닌 투기 자본이 만든 찰라와 같은 것으로 반드시 극복되기 때문이다. 금융 위기에 채권, 주식을 투매하지 않고 오히려 늘리는 사람이 항상 돈을 벌어 왔다.

우리가 시장에서 꼭 기억해야 할 것은 시장이라는 것, 경제라는 것을 지배하는 것은 이성이 아니라 감성이라는 점이다.

그래서 시장에서의 감성은 거대한 코끼리이고 이성은 초라한 조랑말이란 말이 설득력을 갖는 것이다.

당신이 속고 있는
재테크 불편한 진실 23가지

노후 준비,
소형 임대 주택이
최고의 블루칩이다

당신이 속고 있는 재테크 불편한 진실 23가지

노후 준비, 소형 임대 주택이 최고의 블루칩이다

"국가가 국민의 노후복지에 손 놓고 있는 상황에서 노후 준비는 전적으로 개인의 몫이다. 그런데 문제는 소위 노후 준비 상품이라고 나오는 개인연금신탁, 연금저축보험, 퇴직연금의 평균수익률은 시장금리 대비해서 실질금리가 마이너스다. 이 말은 이들 상품에 투자하는 기간이 길어질수록 손실은 계속 늘어난다는 것이다. 이러한 흐름에서 우리는 적어도 시장금리 대비 플러스 수익률이 발생하는 노후준비 상품을 찾아야 한다. 그 대안 중 하나가 한국형 스튜디오 주택이라 부르는 소형 임대 주택이다."

투자상품의 가치는 경제 흐름에 따라 달라린다. 과거 고금리 시대에는 수익성, 안정성 면에서 산업금융채권 이상가는 투자상품이 없었다. 그러나 현재는 저금리로 인해 산업금융채권이 투자가치는 예전만 못하다. 지금처럼 저금리로 인해 투자상품이 마땅치 않은 상황에서는 투자상품의 경계를 두어서는 안 된다. 투자의 3요소인 안전성·환금성이 상대적으로 비교우위에 있다면 부동산이라고 해서 마다할 일이 아니다.

지금 노후 준비의 대안으로 저자가 말하고자 하는 투자상품이 소형 임대 주택이다. 소형 임대주택 중에서 비교적 적은 금액으로 투자가 가능하고 투자금 대비 수익률이 최소한 정기예금의 2배 이상 가능한 투자상품이 소형 오피스텔이다. 소형 오피스텔의 경우 매매가의 일부를 레버리지한다는 조건으로 투자하면 3,000만 원을 가지고도 투자할 수 있다. 여유자금이 별로 없는 서민·중산층도 투자해 볼 수 있는 수익성 부동산이다. 특히 소형 오피스텔은 매매가는 낮고 핵심권역에서 멀어질수록 임대 수익률이 높아진다는 장점이 있다.

저자는 어느 계층보다 노후 준비에 걱정이 많은 서민들도 소액으로 투자할 수 있다는 점에서 소형 오피스텔의 경제적 가치가 의미있다고 말하고 싶다. 부자라는 소리를 듣는 상위계층은 갖고 있는 돈을 다 쓰기 전에 사망한다. 이들에게는 한푼이라도 더버는 덧셈의 재테크는 필요없고 어떻게 여유자금의 지출관리를 효율적으로 할 것이냐의 뺄셈의 재테크가 현실적으로 더 와 닿는 문제다. 그러나 갖고 있는 재산이라고는 달랑 살고 있는 집 한 채와 많아야 현금자산이 수천만 원에 불과한 대다수 서민·중산층에게는 어떻게든 한푼이라도 이전소득을 더 늘리는 것이 지상과제다. 이 점에 있어서 수천만 원으로 투자가능하여 임대 수익률이 7%~10%에 이르는 소형 오피스텔은 서민·중산층의 노후 준비

상품으로 적격이다.

[시장의 변화를 읽고 대응한다]

기업은 변하지 않으면 생존할 수 없다. 빛의 속도로 경영환경이 급변하고 있는 현실에서 최근 기업들이 고객의 결정은 무조건 옳다는 "liesen" 전략으로 코페르니쿠스적 사고의 전환을 하게 된 것도 시장이 기업의 변화를 요구하고 있기 때문이다.

기업의 경영이나 개인의 투자에 대한 답은 항상 시장에 있다. 이성적 사고는 시장 흐름과 멀어질 수 있는 위험성이 있다. 스스로 시장은 이러이러할 것이라고 과거의 경험만으로 규정하는 것은 스스로 자멸의 길을 선택한다는 측면에서 기업이나 개인이나 똑같은 처지다.

우리의 투자는 항상 경제 흐름에 뒤처지고 있다. 시장은 이미 오래 전부터 패러다임이 이동했음에도 우리는 여전히 과거의 습관대로 투자하고 있다.

이러니 제로금리 시대 운운하는 시기에조차 경제적 효용성이라고는 전혀 없는 은행 상품, 저축성 보험(변액관련 보험 포함)으로 70%(복수 응답) 이상의 사람들이 노후 준비를 하고 있다는 말도 안 되는 통계 자료가 나오고 있는 것이다.

우리는 분명히 시장의 변화에 귀 기울이지 않았으며 귀 기울이려는 노력조차 하지 않았다.

변화의 시그널이 수차례나 경고음을 울렸는데도 이에 반응하지 않은 무수히 많은 기업이 도태된 것처럼 우리 역시 시장의 변화에 이처럼 둔감해서는 도태될 수밖에는 없다.

제발 시장의 변화에 귀 기울여라. 그리고 그 흐름 속에 당신의 포트폴리오를 맡겨라. 그리하면 지금보다 더 나은 재정 설계를 해나갈 수가 있다.

한국은행은 기준금리를 올리지 않고 있다. 이 정도로 물가 상승 압박이 심하면 금리를 올리는 것이 당연하다.

기준금리가 3.25%에서 계속 동결되고 있다. 기준금리가 3.25%라는 것은 물가지수 대비 실질금리 제로의 시대라고 말할 수 있다.

한국은행의 기준금리 운용이 은행 상품의 금리 가이드 역할을 한다. 한국은행의 기준금리가 3% 초반인데 은행권 상품의 세후 금리가 이보다 더 높기는 현실적으로 어렵다.

이는 은행가서 아무리 높은 금리를 주는 상품을 찾아 투자한들 물가상승률은 못 넘는다는 것을 말해 주는 것이다.

결론적으로 은행에 부지런히 예금한다 해도 10년 후 20년 후 당신은 더 가난해질 수밖에 없다.

보험사 저축상품은 더 열악하다. 장기판에서 차 떼고 포 떼고 나면 남는 것이 없는 것처럼 보험료의 8%~15%에 이르는 사업비, 설계사 수당으로 빠져나가는 돈을 감안하면 보험가입 기간이 길어질수록 기회손실은 늘어나는 것은 자명한 일이다. 보험사 저축상품으로 노후 준비를 하는 한 당신은 바보 소리를 들어도 마땅하다.

금융시장의 불안정성으로 수익성보다 안정성이 더 중요하다는 데마고그에 속아 이 상품들을 고집한다면 당신의 노후는 불행해진다.

실질금리 마이너스 상태에서 은행·보험사 저축상품이 안정성을 보장한다고 말할 수 없다. 투자 원금의 실제 가치가 시간이 경과될수록 떨어진다는 것은 안정성을 해치는 일이다. 안정성에 대한 생각이 바뀌어야 한다.

경제 선진국 클럽이라는 OECD 국가 중에서 GDP 대비 사회 복지 예산이 가장 적은 나라가 우리나라다. 이런 상황에서 이러한

투자를 해놓고 두 발 뻗고 잠잘 수 있다면 당신은 필시 강심장의
소유자다.

당신이 만약 유럽의 은퇴한 노동자라면 개인이 노후를 걱정하지
않아도 된다. 유로 존 국가의 노동자는 국가가 개인의 노후 생활을
거의 책임진다. 유로 존 국가들의 재정 위기로 복지 예산을 축소해
야 한다는 소리가 어느 때보다 높다. 그러나 이는 100을 가진 나라
가 겨우 하나 둘을 포기하는 정도다. 우리는 유로 존 국가의 복지
재정에 비해 3분의 1도 안 되는 사회복지 최빈국이다. 이런 나라
에서 복지예산 축소 운운하는 것은 웃기는 얘기다. 독일은 막대한
통일 비용을 쓰고서도 사회복지의 질이 전혀 후퇴되지 않았다. 유
로 존 국가들의 재정 위기 와중에도 독일의 재정 건전성은 여전히
튼튼하다.

유로 존의 재정 위기가 남부 유럽 국가들에 집중된 이유는 남부
유럽 국가 대부분이 국가 GDP에서 관광 산업이 차지하는 비중이
매우 높다는 점과 세계 경제의 불황, 금융 위기의 영향으로 관광
수입은 줄고 1차 농산품, 3차 서비스 산업에 편중되어 있는 남부
유럽 국가의 산업구조 취약성이 재정 위기가 발생한 주요 원인
이다.

복지예산이 문제의 원인이 아니다. 그럼에도 복지 후진국인 우리나라에서 소위 보수 우파라는 자들은 이 점만 부각시키고 있다. 그러나 그들은 이를 알아야 한다. 왜 프랑스 국민들로부터 우파 팟쇼 정부라고까지 비난 받던 사르코지 정부 아래서 프랑스의 사회복지 예산이 오히려 늘어났는지, 또 왜 독일 기독민주당 우파 정부 아래서 다시 대학 등록금이 니더작센, 프랑크푸르트 2개주만 빼고 모든 주에서 철폐되었는지를 말이다.

보편적 복지는 이념의 논쟁거리가 될 수 없다. 보편적 복지는 국가가 사회적 약자를 보호하는 국가 통합의 기초라는 인식이 뿌리 깊게 자리 잡고 있는 나라라면 말이다. 지금 보편적 사회복지에 찬물을 끼얹는 집단은 대한민국의 적이거나 좌·우의 날개에 의지에 발전해 온 근대 자본주의 이념을 부정하는 자들이다.

우리는 매일 직장에 출근하는 길에 아침부터 나와서 탑골공원에 옹기종기 모여서 햇빛을 쬐고 있는 노인들과 시간을 죽이기 위해 천안행 1호선 전철을 타고 있는 노인들을 심심치 않게 본다. 지천명의 나이에 들어선 저자의 친구들도 등산 가방 짊어지고 하나 둘 평일 등반 대열에 합류하는 인원이 늘고 있다. 머지 않아 저자 친구들도 시간을 죽이기 위해 하나 둘 천안행 1호선에 몸을 실을 날이 머지 않았다.

[단순한 자연 수명의 연장이 축복이 될 수 없다. 그래서 인생 2막을 사는 노후 설계는 매우 중요한 의미를 갖는다]

현대인들은 일반적으로 가공된 식품은 안전하다고 믿는다. 그리고 편리하다는 이유로 선호한다. 그러나 가공된 식품에는 우리가 인지 못하는 유해 첨가물이 많이 들어 있다. 이것들이 우리 몸 속으로 들어가 체 내에 쌓여 인체에 치명적인 독이 될 수 있는지 아무도 모른다. 가공 식품은 각 공정 단계를 거처 우리에게 오기까지 비용이 상승하는 구조다. 규모가 큰 회사가 만든 제품은 무조건 안전하다는 생각을 쉽게 한다. 하지만 안전 유해에 관련된 사건 대부분이 대기업에서 발생하고 그 피해도 크다.

우리의 금융상품 쇼핑도 식품을 구매하는 것과 다르지 않다.

금융상품은 날 것이 아니다. 금융회사의 손을 거친다. 금융상품을 구입하는 것은 날 것 그대로 구매하는 것과 비교해 높은 가격을 내야 한다. 가격 경쟁력이 있을 수 없다.

우리는 거대 금융회사를 선호한다. 자산 규모가 크고 점포수가 많은 회사에 대한 신뢰감은 절대적이다. 그러나 이것을 알아야 한다. 규모가 클수록 금융 위기에는 더 취약하다는 것을 말이다.

금융 위기 때 가장 많이 파산한 금융회사가 세계 50위 안에 드는 메가 뱅크였다.

가공되지 않은 것, 직거래 장터에서 구매할수록 가격은 낮아지고 상품의 구색은 다양해진다. 그럼에도 우리는 편리성 때문에 이 모든 기회비용을 단번에 날려 버린다.

우리의 투자는 매우 편협해 스스로 경계 짓고 그 선을 넘으면 큰 일 나는지 알고 있다. 발품을 팔고 스스로 검증할 수 있는 충분한 도구가 있음에도 그 수고조차 하지 않으려고 한다. 1차 농수산품의 가격이 아주 많이 올랐다고 하면서도 도매시장은 가려는 노력은 하지 않고, 대형 할인 소매점에서의 쇼핑만 고집한다. 이 습관을 버리면 쇼핑하는 즐거움도 커지고 돈도 아낄 수가 있다.

투자상품도 안정성은 같고 수익성은 그 두 배가 넘는 상품이 즐비함에도 쇼핑 동선이 익숙하지 않다는 이유로 이를 스스로 포기 한다.

우리는 투자시장에서 아주 말 잘 듣는 모범생처럼 행동한다. 노엄 촘스키가 자본의 기관지라고 말하고 있는 언론이 생산한 정보만 믿고 따르는 모범생이다.

더 보태지도 말고 빼지도 말고 지금 당신의 노후 상품으로 무엇이 안정성과 수익성을 담보하고 있는가? 적어도 우량 회사채처럼 수익률이 통계적으로 검증되어 있으며 투자 진입장벽이 낮은 투자상품 중에서 말이다.

회사채투자를 제외한다면 답은 명확해진다. 소형 수익성 부동산이다. 부동산이라고 해서 미리 겁먹을 필요가 없다. 투자금액이 수억 원을 가져야 투자하는 것도 아니다.

농경 사회에서 결혼은 생산력의 확장과 합법적으로 섹스를 할 수 있는 수단이었다. 그래서 결혼은 피할 수 없는 것이었고 인류는 역사적으로 일부일처제를 가장 이상적인 남녀의 결합 형태로 받아들였다.

그러나 이 신화는 급격하게 무너지고 있다. 산업구조의 변화로 결혼이 생산력 확장의 효과를 가져 오지도 않으며 혼전 섹스도 자유로워졌기 때문이다. 최근 미혼 비율이 크게 증가하는 이유가 반드시 경제적 문제에 있는 것만은 아니다.

독신자 비율이 크게 늘고 있다. 자신의 삶에 가치의 우선 순위를 두고 있는 미혼에게는 결혼은 미친 짓이 될 수도 있다. 결혼을 미친 짓이라고 해도 전혀 이상하지 않은 것이 요즘 세태다.

이러한 사회 문화적 가치 체계의 변화, 경제적 동기에 의해서 독신 가구 비율은 급증하고 있고 앞으로 우리나라의 독신 비율은 현재 22%에서 선진국 수준의 40% 이상까지 계속 늘어날 것이다.

수요가 공급으로 이어지는 것이 경제 법칙이다. 독신 가구를 위한 소형 임대 주택이 지나친 공급을 우려하는 순간에도 물량이 무리 없이 시장에서 소화되고 있다(최근 공급물량이 크게 늘어난 도시형 생활 주택은 대기업에 의해 땅값이 비싼 역세권에 주로 건축됨으로써 매매가는 높고 상대적으로 임대수익률은 낮은 것이 현실이다. 따라서 여기서 말하는 소형 임대 주택은 비교적 소액인 4천만 원~6천만 원으로 투자가능한 수도권 외곽의 소형 오피스텔이 주요 투자 대상임을 밝혀둔다). 물론 불과 2년~3년 전보다는 독신 가구를 위한 소형 임대주택의 수익성이 주춤하고 있는 것은 사실이다. 그러나 이 시장은 지금도 발품 파는 것만큼 확실한 효과가 나오는 시장이다.

소형 임대 부동산의 투자 장점은 투자금별로 다양한 상품이 존재한다는 것을 들 수 있다. 소형 오피스텔의 경우 경기 서남권의 수원시 인계동, 시흥시 정왕동, 안산시 고잔동 등의 오피스텔 단지는 4천만 원에서 6천만 원대의 매물이 여전히 많이 있다. 1기 신도시 중에서는 중동 신도시가 저가 매물이 많이 있는 대표적 지역이다. 소형 오피스텔 투자의 최대 장점은 소형일수록 매매가가 낮고 임대 수익률이 상대적으로 높다는 점이다.

[소형 오피스텔의 가격은 아파트 시장과 반대로 움직인다]

오피스텔 투자에서 가장 수익률이 낮은 지역 순서는 아파트 시세와 반대다. 서울 강남, 송파, 마포 등 아파트 시세가 가장 높은 지역이 임대수익률이 가장 낮고 반대로 아파트 시세가 상대적으로 낮은 시흥시, 안산시, 수원시 내의 오피스텔 단지들이 수익률이 가장 높다.

분당이나 일산 신도시에 사는 사람이면 다들 알고 있는 얘기다. 분당, 일산 신도시에서는 이 지역 내에 있는 소형 아파트보다 더 많은 오피스텔이 공급되었다. 부동산 거품이 꺼지면서 이 지역 내의 오피스텔 가격도 급락하는 것 아니냐는 우려감이 팽배했다. 그런데 오히려 부동산 거품이 꺼지기 시작하면서 이 지역 내의 오피스텔은 매매가 · 임대가 · 임대회전율 등 오피스텔의 경제성 지표가 모두 상승했다. 우리는 변화의 시그널이 현실화될 때까지 이를 알아채지 못했다.

독신 가구가 지금처럼 단기간 동안 급증할 줄은 누구도 몰랐다. 아파트 투자로는 시세 차익이 더 이상 가능하지 않다는 소리에만 귀 기울이는 사이 독신자들을 위한 한국형 스튜디오 주택인 소형 오피스텔 · 원룸 · 다중 주택의 경제성이 크게 상승했음을 몰랐던 것이다.

소형 오피스텔은 3천만 원~4천만 원만 있어도 투자할 수 있다. 2~3천만 원 정도의 부족자금은 오피스텔을 담보로 대출받을 수 있다. 대출을 끼고 오피스텔에 투자해도 임대 수익이 이자를 내고도 훨씬 많다.

부동산 투자, 특히 수익성 부동산은 돈 많은 사람만 할 수 있는 투자 상품이라는 인식이 있다. 그러나 3천만 원~ 4천만 원 정도의 여유 돈만으로 투자할 수 있는 것이 소형 오피스텔이다. 금리가 낮은 은행 상품으로는 어떤 재무적 문제도 해결할 수 없는 서민들에게 소형 오피스텔은 최고의 투자상품이 될 수 있다.

여유 돈이 있는 사람은 위에서 소개한 지역 내의 오피스텔 단지들을 발품 팔아 알아보기 바란다. 세상은 보이는 것만큼 아는 것이 많아지고 아는 것이 많을수록 상품의 가치를 보는 혜안이 생긴다.

앞에 소개된 지역은 수도권에서 4천만 원에서 1억 원 이내로 투자 가능한 오피스텔이 가장 많이 집중되어 있는 곳이다. 이 지역 내에서 투자 물건을 알아보고 오피스텔의 관리 상태, 유동 인구, 평균 임대회전율, 월세 현황에 대해 소상히 파악하는 노력을 한다면 지금도 얼마든지 수익성 높은 물건을 찾을 수 있다.

이 지역 내의 오피스텔들은 소액을 가지고도 10%의 임대수익이 가능한 대표적 지역이다.

소형 임대 부동산이 최고의 투자 상품이라고 말하지는 않겠다. 그러나 소형 오피스텔을 긍정적으로 보는 이유는 부동산 상품 중에서는 투자 장벽이 낮고 비교적 소액으로 투자 가능하면서 최소 정기예금의 2배 이상의 수익률이 보장되기 때문이다.

<SWOT 로 분석한 주요 투자 상품의 비교>

(1) 은행상품 저축성 보험

S(strength)	W(weakness)
은행 상품, 저축성 보험은 원금 손실의 가능성이 적고 예측 가능한 재정 설계를 강점으로 내세운다. 그러나 물가상승률 대비 실질금리가 마이너스 상태에서는 투자기간이 길어질수록 실질수익률은 낮아질 수밖에 없다.	시장 실제금리 지표인 국고채(3년물)의 물가상승률 대비 실질금리제로 시대에 은행 상품·저축성 보험으로는 이전소득이 발생하기 어렵다.

O(oppunity)	T(threat)
은행 상품, 저축성 보험의 경제적 가치는 계속 떨어질 것이다. 그러므로 이제 이들 상품으로 이전소득을 늘리는 일은 거의 불가능하다.	우리의 재테크는 노후 준비에 초점을 맞춰야 한다. 이를 감안한다면 현재도 실질금리 마이너스인 은행 상품, 저축성 보험으로 노후를 준비하는 일은 노후 생활에 위협이 된다.

(2) 소형 수익성 부동산

S(strength)	W(weakness)
현 시점에서 안정성과 환금성을 보장하면서 수익률이 은행 정기예금의 2배 이상 나오는 투자 상품은 소형 오피스텔과 BBB^-등급 이상의 회사채밖에는 없다. 여유자금에 따라 이 두 가지 상품에 투자하는 것이 현재로서는 가장 경제성이 있는 투자다.	단기간의 공급 증가로 인한 시장의 불안정성이 노출되어 있는 상황으로 안정적인 임대 수요를 유지하기 위해서는 임차인에 대한 지속적 관리가 필요하다.
O(opportunity)	T(threat)
독신 가구의 급증으로 수요 기반은 탄탄하다. 현재 전체 가구의 22%가 독신 가구다. 앞으로 선진국 수준인 독신 가구 비율이 40%까지 계속 늘 것으로 예상한다면 독신 가구를 위한 소형 임대 주택의 수요 기반은 여전히 경제성이 있다고 볼 수 있다.	공급 물량증가로 신중한 투자가 요구된다. 최근 독신자를 위한 원룸 주택이 블루오션으로 떠오르면서 도시 생활 주택, 주거형 오피스텔의 공급 물량이 증가하고 있다. 문제는 최근에 공급되는 물량 대부분이 매매가가 높고 상대적으로 임대수익률은 떨어지는 한계를 보이고 있는 점이다.

앞의 자료는 서민 중산층이 가장 선호하는 은행 상품·저축성 보험과 소형 수익성 부동산의 경제성을 SWOT 분석으로 알아본 것이다. 투자의 3요소인 안정성·수익성·환금성을 기준으로 어느 투자 상품이 여러분의 부에 기여할 것인가에 대한 답은 이미 나와 있다. 무엇을 선택하건 여러분의 결정에 달려 있다.

보금자리 주택 약인가, 독이 될 것인가

아파트 가격이 큰 폭으로 떨어지면서 상대적으로 보금자리 주택에 대한 관심이 많이 줄었다.

보금자리 주택에 대한 전체적인 사업계획의 윤곽이 결정된 시점이 2008년 9월 경이었다

보금자리 주택이 탄생한 배경은 아파트 가격 폭등으로 인해 고통 받는 서민들에게 주변 시세보다 낮은 가격으로 주택을 공급함으로써 주택시장의 안정을 꾀하기 위함이다.

그러나 사업계획이 발표된 시점이 공교롭게도 주택시장의 버블이 꺼지면서 대세 하락기로 접어든 시점이었다. 정책의 결정이 시장 변화에 후행하는 우를 범하게 됐다. 이후 보금자리 주택의 기대 효과는 많이 떨어지게 되었다. 일부 지역을 제외하고 주변 시세와 분양가격에 큰 차이가 없다.

보금자리 주택 사업계획에 의하면 2018년까지 무주택 서민과 저소득층에 총 150만 가구의 주택을 공급하는 것이다.

TIP

보금자리 주택의 분양가는 분양가 상한제가 적용되는 지역 내 아파트 가격을 기준으로 시세보다 15% 저렴하게 주택을 공급하는 것이다. 그러나 이미 아파트 가격이 많이 떨어져 분양가 상한제가 무의미해진 상황에서 보금자리 주택이 갖고 있는 가격 메리트는 사실상 많이 사라졌다.

그러나 몇몇 지역은 여전히 경제성이 있다. 이 지역을 중심으로 보금자리 주택을 노려볼 만은 하다.

대표적인 지역이 송파구 내에 있는 위례 신도시다. 위례 신도시의 3.3㎡당 분양가는 1,190만 원~1,340만 원으로 이 지역 내의 아파트 단지 시세에 비해 70% 수준이다.

그러나 부천 옥길 지구(3.3㎡당 분양가 850만 원~890만 원), 구리 갈매 지구(990만 원), 시흥 은계 지구(750만 원~820만 원) 등 서울을 벗어난 지역은 가격 메리트가 없다.

보금자리 주택의 실제 분양가 산정은 방향, 층수, 설계구조에 따라 차이가 있다. 그러나 평균가격은 사전에 책정된 분양가를 벗어날 수 없다. 앞으로 공급될 보금자리 주택은 택지 조성비, 토지 보상 비용 등의 요인으로 분양가 상승이 예상되고 있다.

보금자리 주택을 시세 차익을 노리고 투자해서는 안 된다. 왜냐하면 보금자리 주택의 전매 제한기간이 7년으로 장기간이고, 분양가가 주변 시세 매매가의 70% 미만인 경우에 한해서는 전매 제한기간이 10년으로 연장되기 때문이다. 또 5년 이상 의무적으로 거주해야 한다. 사전 예약 후 입주 시점까지 보통 2년~3년이 소요되는 점을 감안할 때 최장 12년을 기다려야 매매가 가능하다.

이로 인해 시세 차익을 노리고 투자한 사람은 중도에 청약을 포기할 가능성이 높다.
시세 하락에 의해 추정 분양가가 주변 시세에 비해 낮거나 비슷한 경우 역시 중도에 포기자가 나올 수 있다.

현재 보금자리 주택은 아파트 가격의 급락으로 인해 일부 강남권을 빼면 경제성을 상실했다고 볼 수 있다. 물론 보금자리 주택은 공공재로서의 의미가 있다. 그래도 사는 사람의 입장에서는 경제성을 완전히 배제할 수는 없다.

부동산 호경기 시점에 계획된 보금자리 주택 사업은 이처럼 시장 흐름이 돌변할 것인지 예측하지 못했다. 그래서 보금자리 주택의 공급가가 주변 시세보다 높은 웃지 못할 사례까지 발생하고 있다.
정부의 주택정책이 매번 시장 흐름에 뒤처지거나 무용지물이 되는 이유는 시장을 가르치려는 관료 의식을 버리지 못한 때문이다.
보금자리 주택의 정책 효과는 최초 계획 시점과 비교해 많이 희석되었다.

독신 서민 가구를 위해 도입한 도시형 생활 주택도 주수요층으로 기대했던 서민은 살 수 없을 정도로 임대가가 높다.

TIP

대기업에서 지은 도시형 생활 주택은 지역 내의 다른 서민 주택보다 매매가와 임대가가 매우 높다.

이로 인해 임대 사업자, 임차인 모두에게 외면받고 있다.

우리는 이를 통해서 시장 참여자는 그것이 정부이든 개인이든 시장의 소리에 귀 기울이고 겸손해야 성공한다는 사실을 깨달아야 한다.

당신이 속고 있는
재테크 불편한 진실 23가지

시장에서의 자비심은 스스로 쟁취하는 것이다

당신이 속고 있는 재테크 불편한 진실 23가지

시장에서의 자비심은 스스로 쟁취하는 것이다

"대공항을 겪으면서 세계는 자본의 탐욕을 방임해서는 만인의 행복을 위한 자본주의가 불가능함을 깨닫는다. 그 결과로 강력한 반독점 규제법이 만들어졌다. 이후 정부가 시장에 개입해서 자본을 통제하는 일은 당연한 일이 됐다."

시장에게 자비심을 바라지 마라. 시장에서의 자비심은 함께 참여하고 행동해야만 얻을 수 있다.

자본에게는 애초부터 자비심은 없다. 자본은 탐욕의 착취구조를 정당화·과학화시켜 자본의 확대 재생산구조를 만드는 것에 골몰해 왔다. 이런 자본에게 경영학은 그들의 지배구조를 영구화시키는 최고의 도구가 되었다.

경영학은 인간의 생산능력을 최대한 끌어 올려 자본의 이익을 최대치로 올리는 데 필요한 도구다.

경영학의 창시자 아놀드 테일러의 관리 시스템은 인간의 노동력을 표준화함으로써 생산성의 확대를 이루기 위해 시작됐다.

테일러의 관리 시스템이 여전히 그 힘을 발휘하는 생산 현장이 자동차 공장이다. 지금도 자동차 공장에서 일하는 노동자는 8~10 단계로 이어진 단순한 표준 동작을 반복한다. 이는 인간을 기계의 부속품화하는 것으로 노동의 피로도가 엄청나다. 자동차 노조가 강성인 것도 이러한 노동 강도와 무관치가 않다.

대공황 이후 세계는 자본의 탐욕을 방임해서는 만인을 위한 자본주의가 불가능하다는 것을 깨닫게 되었다. 그 결과로 강력한 반독점 규제법이 만들어졌다. 금융 산업에 대한 반독점 규제법은 더 엄격하게 적용됐다. 반독점 규제법이 가장 강력하게 실시한 나라가 미국이다.

유럽에서는 오래 전부터 실시되어 왔던 방카슈랑스(보험업을 겸업하는 은행을 뜻함)가 미국에서는 2006년 시티코프 그룹에서 처음 실시될 정도로 미국의 금융규제는 엄격했다.

1990년대 들어와 미국은 금융정책이 금융 완화 방향으로 급선회하기 시작한다. 월가가 좋은면 미국도 좋다는 말이 생겨난 것도 이때부터다.

이런 말이 탄생한 배경에는 미국 정부·의회·언론·학계가 월가의 로비에 굴복한 결과다.

강력한 반독점 규제법은 한번 둑이 무너지기 시작하면서 더 이상 그 누구도 막을 수 없게 되어버렸다. 금융 개혁에 정책의 무게를 두었던 오바마 정부도 개혁의 깃발을 이미 내려 놓았다.

월가는 투자상품의 위험을 분리해 파생상품화시킨 CDS까지 만들어 버블을 키웠다.

기초 자산의 유동화로 버블을 확대해 세계 금융시장을 장악한 월가의 투기 자본은 대형화·겸업화·금융규제 철폐로 무소불위의 막강한 파워를 가진 괴물이 되었다.

주니어 부시가 대통령이 되기 전까지 미국 10대 은행의 시장점유율은 35.6%였다. 그 후 그가 물러난 후 10대 은행의 시장점유율은 53.9%가 되었다. 그 기간 동안에 임직원의 급여는 308억 달러에서 709억 달러로 2.4배나 늘어났다. 반면 일반 주주들에 대한 배당은 0.8%에서 0.3%로 절반 이상 줄어들었다.

금융 위기 이후 경제학자들조차 경제학이 책상물림들의 지적놀이에 불과하다고 고백하는 마당에 지금도 이 땅에서는 그 잘난 미국 경제학을 배우기 위해 돈 싸들고 유학가고 있다.

사람들은 세계적으로 위대한 기업과 위대한 경영자로 GE와 전 GE의 CEO 잭 월치를 꼽고 있다. GE는 위대한 기업이 아니다. GE의 사업 폴트폴리오는 한국 재벌의 문어발식 경영보다 더 나은 것이 없다. GE는 항공기 엔진, 방송, 가전, 대부업에 이르기까지 손 안대는 사업이 없다. 그리고 더 중요한 것은 GE의 사업 중에서 가장 돈 많이 버는 기업이 현대판 제도권 사채라고까지 부르는 캐피탈 회사다. 결과적으로 GE는 외부에서 자금을 조달해 고리의 돈 장사로 먹고사는 기업이다.

이런 흐름이 비단 GE에서만 벌어지는 문제는 아니다. 우리나라 대기업 역시 돈만 된다면 금융·유통업까지 손 안대는 곳이 없다.

금융 위기가 발생하면서 미국 정부는 엄청난 돈을 쏟아 부었다. 이 돈은 대부분 월가의 투자 은행을 살리기 위해 쓰여졌다.

비우량 주택을 담보로 발생한 손실은 500억 달러에 불과했다. 그러나 미국 FRB가 월가에 지원한 돈은 13조 달러다.

[우리 경제가 선진국 문턱에서 주저앉은 이유는 경제 성장에 대한 전략적 대응을 잘못한 것에 있다]

우리 경제의 발전 단계에서는 시급한 것이 SOC 늘리는 일이 아니다. 이보다 연구 개발, 교육, 복지 예산을 늘려 사회 안전망을 구축하는 것이 우선이다. 어느 곳에 돈을 쓰는 것이 더 경제적인 선택인가를 기회비용적으로 판단해 봐라. 답은 명확하지 않은가.

지금 많은 제조 기업들이 분업의 역효과로 경영 위기에 처해 있다. 대표적으로 거론되는 업종이 자동차 산업이다. 이미 도요타는 대규모 리콜 사태로 한차례 홍역을 이미 치뤘다. 국내 기업이 생산한 자동차도 리콜이 증가하고 있다. 이는 비단 도요타에만 발생하는 일이 아니다.

5대 자동차 메이커들이 부품을 낮은 가격에 조달하기 위해 생산 공정을 악화시켰기 때문에 발생한 일이다.

벤츠 모델 중에서 2000년 초에 나온 차가 가장 얀전하다고 한다. 그때는 지금보다 국제 분업에 의한 생산 시스템이 안정돼 있었다.

지금처럼 노동자를 쥐어짜고 협력업체의 납품 가격을 후려치는 관행이 없었다.

시장에서 소비자에게 가장 무서운 악마는 B to P(business to people) 사업 모델을 가진 독점적 기업이다.

이 기업들은 시장에서 가격 결정권을 갖고 있다. 이들 기업이 시장을 독점하기 때문에 소비자는 저항하기 어렵다. 상품 가격이 높아도 살 수밖에 없다. 독점 기업이 시장을 지배하면 이들 기업과 상거래를 하는 협력 기업은 납품가를 후려쳐도 저항할 수 없다. 판로가 없기 때문이다. 독점적 기업은 업종을 가리지 않고 문어발식 확장을 계속하고 있다. IT에서 동네 빵집에 이르기까지.

아이폰이 국내에 상륙하기 전까지 국내 소프트웨어 시장은 고사 직전의 처지였다. SKT가 휴대폰을 기반으로 하는 소프트 개발자들의 컨텐츠에 정당한 보상도 하지 않고 그 시장을 독식해버렸기 때문이다. 드디어 아이폰이 국내 시장에 진출하면서 경쟁구도가 형성되어 소프트웨어의 개방성이 확보되면서 국내 소프트웨어 개발자는 드디어 글로벌 시장으로 진출할 수 있는 날개를 달았다. 국내 이동통신은 SKT가 독점한다. 우리나라 소비자는 세계에서 가장 비싼 통신료를 내면서도 가장 저질의 서비스를 받아 왔다. 일개 기업이 시장을 독점하면 필연적으로 나타나는 현상이다.

전국의 빵집이 약 1만 400개 정도다. 이 중 파리바게뜨, 뚜레쥬르 등 대기업 프랜차이즈 가맹점이 4,000개가 넘어 전체의 30% 이상을 차지한다. 대기업 프랜차이즈 빵집의 시장 독점이 강화되면서 동네 빵집들은 사라져가고 있고, 우리는 이제 1,000원을 주고도 단팥빵, 소보루빵 하나 사먹을 수 없게 됐다.

[대기업들은 동네 문구점·철물점까지 그들의 손아귀에 넣었다]

대기업계열 MRO(소모성 자재 구매대행업)업체들에 의해 중소기업 고유업종이던 MRO 시장에서 영세업체는 생존하기 어려워졌다.

MRO 업계의 거대기업인 LG서브원의 2010년 매출이 무려 4조 원 가까이 된다. 이 한 회사가 시장을 거의 삭쓸이 한 것이다. 삼성이 만든 아이마켓코리아(현재는 인터파크에서 인수) 매출 1조 6천억을 합하면 이 시장에서의 대기업 지배력은 엄청나다. 대기업이 MRO 사업에 진출해서 가장 많이 이익을 보는 집단은 재벌기업의 대주주다.

대기업은 MRO 사업에 진출함으로써 중소기업 판로 확대에 기여하고 있다고 말한다. 그런데 정작 이들 그룹의 계열사에서는 경제적 효과도 없이 비용만 발생하는 MRO 사업에 왜 진출했는지 의아해 한다. 이들은 그동안 제조업체와 협력업체 간에 잘해 왔던 거래 시스템에 그룹 계열 MRO가 끼어들면서 유통 단계는 복잡해지고 이에 따라 비용은 늘어나 경제적 효과는 없이 부담만 느는 사업을 왜 하는지를 말하고 있다.

실제 LG계열사들은 LG서브원으로 거래처를 바꾼 후로 공급단가는 10% 이상 낮아졌다고 한다. 계열 MRO 회사의 마진을 보존해 주기 위해 울며 겨자먹기로 싼 가격에 자재를 납품한다.

그럼에도 대기업이 MRO사업에 뛰어드는 이유는 MRO회사의 배당금이 그룹 사주의 배를 채우는 효자 역할을 하기 때문이다. LG서브원의 자본금 100%는 LG그룹의 지주회사인 ㈜LG가 갖고 있다. ㈜LG의 최대주주는 구본무를 포함한 구 씨 일가다.

대기업 MRO는 고용효과도 없다. 오히려 있던 일자리마저 줄고 있다. 아이마켓코리아의 매출액은 1조 5,419억 원에 이르지만 근무 인원은 불과 410명이다. 1인당 연간 매출액이 40억 원에 이른다.

계열사 물량 몰아주기로 성장한 대기업 MRO는 국내 경제에 아무런 기여도 못하면서 중소기업을 고사시켜 이 회사들에 근무하는 노동자 일자리를 빼앗고 있다.

그럼에도 대기업 MRO가 존재하는 단 하나의 이유는 대기업 MRO가 사주들의 시드머니 만드는 데 최고의 효자노릇을 하고 있기 때문이다. 만약 사주지분으로 구성되어 있는 대기업 MRO가 상장하게 되면 현대자동차 그룹의 글로비스처럼 사주에게 엄청난 자본 이득을 안겨 줄 것이 뻔하다.

포퓰리즘이란 단어가 정치적 수사에 그치지 않고 정치적 용어로 실체가 들어난 시점이 자본에 대한 분노가 극에 달했던 19세기 후반부터다. 당시에 사회적 약자의 분노를 대변했던 미국의 인민당(populist party, 1891년 창당)은 다수의 상원의원, 주지사를 배출해 미국의 양대 정당 민주당, 공화당에 이어 제3당의 지위를 갖게 된다.

인민당이 역사적으로 소멸한 이유는 아이러니하게도 자본이 사회적 약자의 분노를 무시하지 않고 이를 정치적·제도적으로 흡수해 나가면서 부터다. 이로 인해 급진적 변화를 요구하던 인민당은 역사의 뒤안길로 사라지게 됐다.

자본가들도 공멸하는 것보다는 자신들이 양보해서 상생의 길을 가는 것이 낫다는 생각을 했을 것이다. 그랬던 미국의 자본주의가 120년이 지나 똑같은 문제에 처해 있음에도 그 당시와 다른 해법으로 나가고 있다.

현재 미국인 7명 중 1명은 빈곤층으로 선락했고, 미국인의 16.5%인 5,070만 명은 의료 사각지대에서 살고 있다. 미국에서 부의 양극화는 이제 거의 혁명적 변화를 요구하는 시점에 이르고 있다.

미국 상위 0.1%가 미국인 전체 소득의 10.4%를 차지한다.
불과 35년 전인 1975년에 미국 상위 0.1%의 소득은 국민 전체 소득의 3%에 이르지 못했다. 북유럽 대부분의 나라는 상위 0.1%의 소득이 전체 소득의 3% 이하다.

미국에서 부의 불균형이 이처럼 심각한 상태에서 노스웨스턴대학의 사회학과 교수 레슬리 맥콜은 이미 미국인들이 체감하는 사회 불균형은 도를 넘었다고까지 말하고 있다.

근래들어 부쩍 잦아진 가진 자를 향한 시위를 일시적 현상으로 보는 것은 문제의 심각성을 모르고 하는 소리다.
국내 대기업, 금융회사들이 잘 새겨서 들어야 할 내용이다.

[사회복지와 경제 성장은 동전의 양면이 아니다. 함께 하는 것이다]

복지 선진국 스웨덴의 2010년 경제 성장률은 5.4%로 유로 존 (27개 국가)중 최고를 기록했다. 2011년 유로 존의 재정 위기에도 불구하고 연 5% 이상의 경제 성장을 했다. 스웨덴은 세계화의 발상지 미국보다 더 철저하게 기업에게 시장주의를 강조한다.

기업이 파산해도 시민의 세금인 공적 자금을 투입하지 않는다. 스웨덴을 대표하는 기업 샤브의 승용차 부분이 시장 논리에 따라 해외에 매각됐다는 사실이 이를 증명하고 있다.

현재 에릭슨을 제치고 스톡홀름 증시에서 시가총액 1위 기업 H&M은 다국적 기업의 세계화 전략을 그대로 따르고 있다.

본사는 제품 개발·마케팅에 주력하고 생산은 700개에 이르는 해외 제조업체와 직거래를 통해 만든다. 스웨덴의 법인세는 유로 존 최저 수준인 26.3%이나 우리나라 실질법인세보다는 10%가 높다. 보편적 사회복지가 경제 성장의 동력을 상실하게 한다는 논리는 스웨덴의 예에서는 억지 논리다.

세계화에 유연하게 대처하면서 국민의 생활 수준을 향상시키는 복지는 얼마든지 병행이 가능하다.

정부가 사기업의 파산을 공적 자금을 투입해 회생시키는 것은 좌파적 정책이다. 이명박 정부는 스스로를 보수 우파로 규정하면서도 환율·금리 정책에 깊게 개입하고 있다. 그렇다면 우리나라에서의 이데올로기 논쟁은 그들의 기득권을 보호하기 위한 정치적 마케팅 혹은 정치적 수사라는 것 이외는 아무런 의미가 없다.

국민의 행복 지수를 높이는 데 아무런 기여도 못하는 소모적 좌·우 논쟁은 그만두고 어떻게 국민이 행복해질 수 있는지를 진정성 있게 고민해야 한다.

국민은 국가재원의 원천이며 국가의 정치·경제를 바꾸는 힘을 갖고 있다. 대의 민주주의 국가에서 투표권은 이 모든 것을 가능하게 한다.

사회적 약자의 이익을 대변하는 정치그룹의 영향력이 매우 미비하다. 그 이유는 진보정치그룹이 당파성에만 몰두하여 지지층을 넓히지 못하는 한계도 주요 원인의 하나이지만 그보다는 우리나라 국민들이 자신의 물적 토대와 관계없이 부르주아지처럼 생각하고 정치적 선택을 하는 모순에 기초하고 있다는 점이 크다.

그래서 국민의 의식이 변해야 사회가 진보한다고 말을 하는 것이다. 국민이 자신만 잘살기 위해 재테크에 열중하는 동안 정작 만인의 행복을 위한 진정한 의미의 재테크가 이 땅에서 실현되지 않는 이유는 전적으로 국민들의 책임이다.

국민들의 잘못한 정치적 선택이 우리 공동체 전체의 삶의 질을 얼마나 퇴보시켰는가. 21세기에 19세기에나 활개쳤던 매판자본을 비호하는 정치그룹이 권력을 차지하고 있는 것은 시대착오적이라 아니할 수 없다.

올바른 정치 선택이 개인의 삶의 질과 행복지수를 높인다는 것을 아직 깨닫지 못하고 있다면 대한민국은 매년 GDP가 성장해도 부의 양극화 문제는 가난한 자만 더 늘어나는 21세기 가장 비참한 OECD 국가로 남을 것이다.

당신이 속고 있는
재테크 불편한 진실 23가지

단기 상품 투자로
1% 금리 더 받는 법

당신이 속고 있는 재테크 불편한 진실 23가지

단기 상품 투자로
1% 금리 더 받는 법

"개인의 재테크 영역에서 기본은 지속적이며 안정적인 소득이 있어야 한다. 저자가 임금의 불평등이 가난의 주 원인이라고 말하는 것도 이 때문이다. 안정적인 소득이 있어야 잉여 소득을 저축해 미래의 희망을 갖을 수 있다. 그 다음으로 중요한 것이 테크닉이다. 같은 돈을 굴려도 일정 기간의 기회 이익에 차이가 나는 것은 바로 테크닉의 차이에서 오는 것이다."

재테크를 하는 최종 목표는 돈이 아니다. 행복 지수를 높이기 위한 방법중에 재테크는 그 수단의 하나일 뿐이다.

개인의 재테크 영역에서 테크닉은 중요하다. 다른 조건이 같다고 가정했을 때 테크닉이 일정 시점이 흐른 후 기회 이익의 차이를 갖고 오고 있기 때문인다.

단기 상품 투자는 본격적인 테크닉의 첫 단추를 끼우는 단계다. 단기 상품은 6개월 이내의 여유 돈을 가지고 한다. 이 단계를 잘해야 다음 단계의 재테크도 힘을 받게 된다.

단기 금융상품의 가지수는 엄청나게 많다. 그러나 이 중에서 한 가지에서 두 가지 만으로 충분히 운용의 묘를 살릴 수 있다.

여러분은 시중에서 판매되고 있는 금융상품 중에서 몇 가지나 알고 있는지 궁금하다. 또 단기 금융상품의 정보를 제대로 알고는 있는지에 대해서도 이번 기회에 단기 상품의 전반에 대해 확실히 알아두는 기회로 삼기를 바란다.

우리는 관례적으로 단기 여유자금 투자를 하는 데 있어 은행 창구를 이용해 왔다. 만약 한달 정도 여유자금으로 1천만 원이 있다고 가정해 보자. 이돈을 은행의 요구불예금(수시 입·출금식 예금으로 은행의 경우 이 상품을 MMDA라고 함)에 예치했다고 하면 1% 미만의 금리를 받게 된다. 그러나 이 돈으로 발행어음에 1개월 예치하면 세전으로 4.3%의 금리를 받는다. 금리 0.1%의 차이에도 거래 금융회사를 옮긴다는 금리비트의 시대에 이 정도 금리 차이가 나면 당연히 발행어음에 투자해야만 한다. 그러나 과연 이렇게 하는 사람이 얼마나 되는가. 그래서 대부분의 사람들이 금융에 대해서 너무 무지하다고 말하는 것이다.

단기 금융상품의 내용을 심층적으로 알아보는 것은 매우 중요하다. 아래는 주요 단기 금융상품의 장·단점에 대해서 설명한 것이다.

[MMDA]

MMDA는"money market depogsit account"의 약어다. 이름으로 보면 꽤 복잡하고 뭔가 있을 것 같은 분위기다. 그러나 대표적인 속빈 강정 상품이 은행의 수시 입출금식 예금상품인 MMDA다. 이 상품은 예금 잔액을 기준으로 500만 원 이하의 예금자에게는 한 푼의 이자를 지급하지 않기도 한다.

MMDA는 쉽게 말해서 과거에 보통예금으로 부르는 상품이다. 보통예금의 특징은 금리가 낮은 반면 수시 입출기능이 있는 요구불 예금이다. 보통예금의 다른 타이틀이 MMDA다. 요즘 은행의 요구불 예금 통장이 바로 MMDA다. MMDA가 예전의 보통예금과 다른 점은 예금 잔고액에 따라 금리 적용을 달리 한다는 점이다. 그 이외는 이름만 세련되게 바뀌었을 뿐이다.

MMDA는 예금 잔액이 많을수록 높은 금리가 적용되고 그 반대의 경우는 낮은 금리가 적용되는 대표적으로 예금자를 차별하는 상품이다. 이 상품이 매우 부당하다는 것은 바로 이 금리 적용 방식에 있다.

거래 고객의 대다수를 차지하는 소액 예금자에게는 거의 한 푼의 이자도 지급(500만 원 이하의 예금)하지 않는 반면 5,000만 원이 넘는 예금자에게는 실세 시장금리에 준하는 상대적 고금리를 제공하고 있다. MMDA는 예금자간 금리 양극화의 단초를 제공한 상품이라고 할 수 있다.

최근 은행의 요구불 예금을 대체하는 CMA가 이 시장에서의 점유율을 크게 늘려 가는 이유도 MMDA가 소액 예금에 턱없이 낮은 금리를 적용했기 때문이다.

손 안의 스마트 폰으로 언제든 인터넷과의 애플리케이션으로 온라인 뱅킹이 가능해진 시대에 종금사 지점이 적다해도 CMA 거래가 불편하지 않다. 계좌만 만들면 급여 이체, 각종 공과금 내는 것도 가능하다.

다시 말하지만 앞으로는 예금·적금 상품 거래는 은행, 저축은행, 보험회사와 하지마라. 종금사·증권사의 고수익 확정금리 상품에 투자하든지 아니면 차라리 상호금융회사라고 부르는 신협(신용협동조합), 단위농협, 수협, 새마을금고에 가서 하는 편이 낫다. 이들 금융회사는 예금, 적금 합계액의 2,000만 원까지 실질적으로 비과세(농특세 1.4%만 내면 이자소득이 비과세)된다. 따라서 은행과 표면금리가 같더라도 이들 금융회사의 예금은 16.5%의 이자 상승 효과가 있다.

CP(자유금리 기업어음)

CP는 한때 단기 상품의 황제라는 소리까지 듣던 상품이다. 지금은 그 자리를 발행어음에 내주었지만 여전히 CP는 종금사의 경쟁력 있는 금융상품이다. 그리고 CP의 유통 과정을 알게되면 단기 금융상품이 어떻게 설계되고 유통되는지를 아는 데 큰 도움이 된다.

CP는 신용평가기관의 평가를 거쳐 일정 신용도 이상되는 기업이 자금 조달을 위해 융통어음(상거래가 수반되지 않는 어음으로 자금 융통을 위해 발행되는 어음을 말함)을 발행하고 이를 종금사가 인수해 시장에 유통한다. CP는 기업의 신용등급과 발행 당시의 시장 실세금리를 반영해 금리가 결정된다.

자유금리 기업어음으로 부르고 있는 CP의 단점은 지급보증이 안 되기 때문에 안정성이 떨어지고 발행금액도 1억 이상의 거액이라는 점이다. 또 대기업의 유동성이 과거보다 크게 개선되어 대기업 발행물량은 줄고 신용등급이 상대적으로 낮은 기업들이 발행을 주도해 투자의 안정성이 크게 떨어지고 있는 점을 들 수 있다.

2011년에도 LIG 건설 파산으로 LIG 건설 발행 CP가 휴지조각이 되면서 투자자들이 큰 피해를 입은 사례가 있었다.

투자시장에서의 고수익은 고위험을 수반한다는 사실을 잊어서는 안 된다. 2011년에 CP뿐 아니라 저축은행 파산으로 후순위채권에 투자한 사람들이 얼마나 애를 먹었었나….

TIP

종금사란 어떤 금융회사인가

종금사의 단기 금융상품이 경쟁력이 있다는 것은 많은 사람이 알고 있다. 그럼에도 아직 낯선 금융회사인 것도 사실이다. 종금사 중 대표적 회사였던 동양종금증권도 최근에 간판을 바꿔 달았다. 이제 남아 있는 곳이 금호종금, 한불종금과 예전 종금사를 인수·합병했던 은행에서 일부 종금사 계정을 운영하는 수준이다.

예전에 기업의 단기 자금을 주로 다뤘던 종금사는 수적으로 크게 줄어들었지만 단기 금융상품 시장에서 CMA붐이 불면서 종금사의 명성은 되살아나고 있다.

후순위채권이 정기예금보다 2배나 더 금리를 주니까 덥석 물었다가 뒤늦게 후순위채권은 예금 보호와 무관한 상품이라는 것을 알게 된 사람도 많다. CP가 단기 금융상품 중에서 금리가 가장 높은 상품이긴 하나 그만큼 투자 위험이 높다는 것도 알고 투자해야 한다.

[RP, MMF]

RP, MMF는 모두 채권을 기초 자산으로 해서 운영되는 상품이다. RP는 "pepurchase argeement"의 약어다. 말 그대를 해석하면 증권사 보유 채권을 환매를 조건으로 판매하는 상품으로 채권 유통 수익률에 의해 금리가 결정되는 상품이다. MMF는 money marget fund의 약어로 채권, CP, CD 등의 유가증권에 투자해 수익을 내는 상품으로 증권사에서 파는 단기 수익증권이라고 말할 수 있다.

이 상품들은 모두 예금자 보호 대상이 아니다.

[표지어음]

단기 금융상품은 유독 상품명에 "어음"자가 들어가는 상품이 많다. 그중 예금자 보호상품인 표지어음, 발행어음이 대표적이다. 금융상식을 늘린다는 측면에서 표지어음의 유통과정을 알아두는 것은 금융투자에 큰 도움이 되리라고 생각한다.

표지어음의 유통단계는 아래와 같다.

첫째, 기업은 거래 기업에 물품 용역 서비스를 제공하고 그 결제 대금으로 어음을 받는다. 기업은 받을 어음으로 운전 자금을 조달하기 위해 어음 만기일 이전에 금융회사(은행 · 저축은행 · 종금사)에서 어음할인 팩토링 금융을 통해 전도금융(prepayment)을 받게 된다. 어음할인이 가능한 어음은 실제 상거래를 통해 받은 어음에 한해서 가능하다. 상거래를 통해 받은 어음을 진성어음 또는 물대어음(물품판매 결제 대금어음)이라고 한다.

둘째, 상거래를 통해 받을 어음을 할인하는 방법에는 어음할인과 어음할인 팩토링이 있다. 이 둘 간의 차이는 전자의 경우 한국은행 재할인이 가능한 어음을 대상으로 하는 것으로 일반적으로 어음할인이라고 부른다. 후자는 어음할인 후 금융회사가 어음을 만기까지 보유해 어음을 담보로 대출하는 일종의 전도금융 서비스다. 표지어음의 기초 자산이 되는 어음 할인 방식은 후자만 해당된다. 금융회사는 어음할인으로 만기까지 보유해야 하는 어음을 표지화시켜 판매함으로써 자금회전이 가능해져 그만큼 자금회전(리볼빙, revolving)의 효과를 얻게 된다.

이 과정은 기업의 자산을 기초자산으로 해서 발행되는 유동화 증권(ABS)의 유통과정과 같다고 보면 된다. 예를 들어 금융회사가 주택 저당권을 담보로 대출하게 되면 대출금 상환 전까지는 자금이 묶이게 된다. 이때 저당권을 기초 자산으로 해서 유동화 증권의 하나인 주택 저당권 유동화 증권(MBS)을 발행하게 되면 대출 만기일 이전에 은행은 자금 회전율을 높일 수 있다. 이것이 소위 미국식 주택 대출상품인 모기지(moragage)론이다.

주택 저당권을 기초 자산으로 해서 발행되는 MBS(morgageed backed securities)가 바로 서브프라임 모기지론 사태를 일으킨 주범이다. 즉 신용등급이 낮은 사람의 주택을 실제 가치 이상 감정 평가해 대출하고 이를 기초로 해서 유동화 증권(MBS)을 발행한 것이 부실화되면서 금융 위기가 시작된 것이다. 표지어음은 시장 실세금리가 적용되고 예금보호 상품이다. 최근 기업들의 유동성 호전으로 어음 발행 물량이 크게 줄고 있어 기업의 진성어음을 기초 자산으로 하는 표지어음 발행도 급감했다.

CD(양도성 예금증서)

CD(negaciabl certificate depogit, 양도성 예금증서)는 은행이 발행하는 단기 금융채권이라고 알면 된다. 채권과 다른 점은 투자기간이 270일 이내로 단기이고 예금보호 대상 상품은 아니나 은행이 발행의 주체로 안정성에 문제는 없다.

[발행어음]

발행어음은 종금사에서 판매되는 상품으로 종금사가 자체 발행하는 어음이다. 발행어음은 시장 실세금리가 적용되고 예금보호 대상 상품이다. 소액으로 투자 가능하며 1년 이상의 투자는 정기예금 단리식처럼 매월 이자를 받을 수 있다.

발행어음은 종금사의 대표 상품으로 100만 원 이상으로 투자할 수 있고 금리 경쟁력이 높다.

CMA(어음관리계좌)

CMA는 시장 실세금리가 적용되는 수시입출 기능을 가진 상품으로 CMA를 모계좌로 해서 종금사 · 증권사의 다양한 상품에 투자할 수 있다.

CMA는 종금사 · 증권사에서 판매하는 것에 차이가 있다. 흔히 종금사 CMA를 "발행어음 CMA"로 부른다. 왜냐하면 종금사 CMA는 CMA의 운용자산을 발행어음을 기초 자산으로 하기 때문이다. 증권사 CMA를 "RP형 CMA"라 부르는 이유도 증권사 판매 CMA가 환매조건부 채권인 RP를 기초 자산으로 하기 때문이다. 종금사 · 증권사의 CMA는 운영의 기초 자산에 따라 상품내용이 다르다. 즉, 종금사 CMA는 기초 자산이 예금보호 대상인 발행어음이므로 따라서 종금사 CMA는 예금보호가 된다. 반대로 증권사 CMA는 기초자산이 RP이므로 예금보호 대상이 아니다.

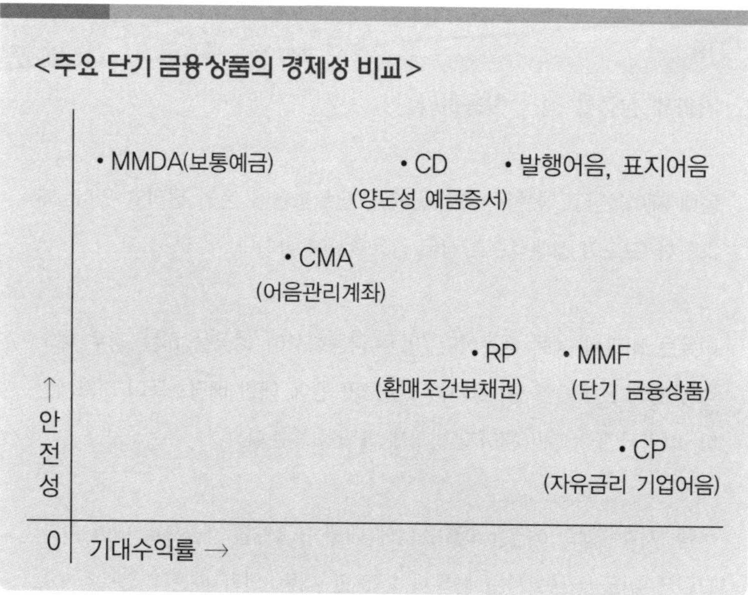

＊예금보호 대상 상품: MMDA, 보통예금, 표지어음, 발행어음, 발행어음, CMA(종금사)

CMA의 나머지 내용은 종금사나 증권사나 거의 같다고 보면 된다.

여기까지가 시장에서 판매되는 단기 금융상품의 거의 모든 것이다. 위의 내용을 꼼꼼이 읽어본 독자라면 단기 상품투자 중 어떤 상품을 선택해야 하는지를 알게 됐을 것이다.

단기 금융상품에서 금여이체통장으로는 CMA, 6개월 이내의 여유 돈 투자는 발행어음이 경쟁력이 있다.

비과세 상품을 적극 활용하라

동네 새마을금고, 신협(신용협동조합), 단위농협에 돈이 몰리고 있다. 왜 그럴까. 규모가 상대적으로 작은 금융회사에 말이다.

이유는 비과세 혜택 때문이다. 이들 금융회사에 예금을 하는 경우 예·적금 합계 2,000만 원, 출자금 1,000만 원에 대한 배당소득이 비과세된다. 따라서 3,000만 원까지 비과세 혜택을 받는다.

은행, 저축은행의 예금은 이자소득에 대해 15.4%를 세금으로 내야 한다. 그런데 이들 금융회사는 농특세 1.4%만 내면 되기 때문에 실질적으로 비과세된다. 우리가 안정성을 의심하면서도 저축은행에 대한 미련을 못 버리는 이유는 저축은행의 예금금리가 은행보다 일반적으로 더 높기 때문이다.

저축은행은 한마디로 정의해서 은행의 부분집합이라고 할 수 있다. 저축은행의 상품은 은행계정의 일부분인 예·적금, 보통예금, 표지어음이 거의 전부다. 은행처럼 보험, 신탁, 수익증권을 판매하지 않는다.

저축은행과 거의 동일한 상품을 판매를 하는 금융회사가 소위 상호금융회사라고 하는 새마을금고, 단위농협, 신협이다. 이 회사들이 저축은행과 비교해서 우위를 갖는 것이 절세 효과다.

정기예금을 예로 들어 보면 은행, 저축은행과 서민 금융회사의 금리가 같다고 가정할 때 서민 금융회사의 예금이 16.5%의 금리 상승 효과가 있다.

지금은 금리 0.1%의 차이가 나도 거래 금융회사를 옮긴다고 하는 금리 비트의 시대다. 따라서 서민 금융회사의 비과세 혜택은 대단한 경쟁력을 갖는다고 할 수 있다.

당신이 속고 있는
재테크 불편한 진실 23가지

고통은 사람을
강하게 만든다

당신이 속고 있는 재테크 불편한 진실 23가지

08

고통은 사람을
강하게 만든다

"고통의 경험이 인간의 의지를 강하게 만들고 훗날 성공의 동력이 된다는 것을 깨닫기까지는 많은 시간이 필요하다. 역사적으로 컴플렉스의 트라우마가 큰 사람일수록 성공 확률이 높다는 것은 이미 증명됐다. 부당한 고통에는 저항해야 하지만 내가 감내하는 정당한 고통이라면 당당하게 맞서라"

재테크를 잘한다는 것이 실제 별것이 아니다. 소득보다 적게 쓰고 잉여 소득을 지속적으로 저축할 정도의 인내심을 갖춘 사람은 시간이 문제지 재테크로 소망하는 것을 이루는 일이 어렵지 않다.

이 매우 상식적인 일이 현실에서는 풀지 못하는 어려운 숙제가 되는 이유는 우리가 고통을 감내하는 데 너무 엄살을 떨고 있기 때문이다.

소비가 사람의 인격을 말하는 시대에서 우리에게 절제의 미덕
은 사라진 지 오래다. 기독교에서 자본주의의 기초 토대가 된다는
절약과 검소의 프로테스탄티즘의 이념은 이제 설 땅이 없다.

자존감 없는 인간은 남과 비교해 자신의 존재감을 찾는다. 명품
마케팅이 이 어렵다는 경제 흐름에서도 먹히는 이유가 뭐겠는가?
명품을 손에 쥠으로 해서 받게 되는 남들의 평가, 거기서 자존감
을 찾으려는 인간의 나약함, 자기 의지 결여 때문 아니겠는가. 이
러한 인간의 소비 심리를 자본이 교묘히 이용함으로써 명품시장
에는 불 꺼질 날이 없다.

지출과 절제의 상관 관계를 분석한 경제학자 윌리엄 디킨스는
이 둘 사이에 극복 못하는 간극(chasm)이 존재하는 이유를 미래의
쾌락보다 현재의 쾌락을 우선하는 인간 본성 때문이라고 말하고
있다. 엔터니 데이비스는 젊은 층이 과소비에 빠져드는 이유를 경
험 부족에서 오는 것이라고 한다.

미래의 생활을 결정하기에는 아직 어린 사람들에게 "은퇴 후를
대비해 저축하라"고 말하는 것은 갖고 있는 돈을 남에게 주라는
말로 들린다.

최근 과학자들 사이에서 인간의 소비와 관련된 두뇌 활동 연구가 활발하다. 이를 두고 머니 브레인 연구라고 한다.

미국 뉴욕대, 컬럼비아대학의 과학자들은 피실험자의 특정 신체 부위에 약한 전류를 흘려 감정 욕구의 변화를 관찰하는 연구를 하고 있다. 이 연구의 주 목적은 소비의 유혹을 뿌리치고 저축을 선택하는 과정에서의 뇌의 활동을 분석하는 것이다.

이 연구로 개인의 소비 성향을 명확히 밝혀내기는 어려울 것이다. 인간에게는 과학으로 검증할 수 없는 경험 자본이 개인의 의사 결정에 큰 영향력을 미치기 때문이다.

고통의 경험이 인간의 의지를 강하게 만들고 성공의 동력이 된다는 것을 깨닫기까지는 많은 시간이 필요하다. 사람은 컴플렉스의 트라우마가 큰 사람일수록 성공할 수 있는 가능성이 크다.

우리는 아이들을 자립심 없는 아이로 스스로 만든다. 아이들을 위해서가 아니라 자기 만족의 이유가 더 크다. 어릴 때는 헬리콥터 부모에 의지해 크고 성장해 사회인이 되서도 경제적으로 자립하지 못하고 캥거루족이 되어 늙은 부모에 얹혀 사는 젊은이들이 늘어나는 것은 부모가 아이들에게 세상 밖의 어려운 일들을 스스로 경험하게 하지 못하게 했기 때문 아니겠는가.

이제 100세 인생을 논하는 시대다. 학벌로 먹고 산 사람도 은퇴하면 학벌의 네트워크도 은퇴와 동시에 끝난다. 과연 이들이 은퇴 후 뭘 할 수 있을까? 밖의 세상을 온실 속에서 쳐다만 봤으니 세상을 모르고 산 것이나 다름이 없다.

이와 반대로 세상 밖에서 스스로의 힘으로 자신의 영역을 개척해온 사람은 나이와 상관없이 계속해서 할 일이 많고 더 성취할 것도 많다. 박제된 지식으로 사람을 평가하는 시험지 세상에서 성공해 온 사람은 세상은 넓고 할 일이 많아도 그들이 할 수 있는 일은 없다.

자신의 꿈도 없이 그저 안정된 직장에 들어가기 위해 스펙 쌓기에 젊음을 보내는 것이 아깝지 않은가? 자신의 육체로 뭐라도 해서 먹고 살 수 있는 사람은 세상에 두려움이 없다. 그래서 당신의 꿈을 논하기 전에 육체적 노동의 경험을 가지라고 하는 것이다.

베이비붐 세대에 속해 있는 저자의 친구들의 상당수는 이미 많이 퇴직했다. 대부분 금융회사, 대기업에서 사회 생활을 했다. 남은 친구들은 언제 짤릴지 모르는 파리 목숨이다. 그들은 사회 생활 내내 자신의 진로를 남의 선택에 의해 결정받아야 했다. 자신의 의지로 홀로 살아본 경험이 없다. 지금 이 친구들이 당황해 하고 있다. 방안에 칩거하거나 등산이 일상이 된 친구도 많다.

반면 일찍 사회에 뛰어들어 롤러코스터 인생을 산 친구들은 지천명의 나이에도 여전히 빠쁘고 할 일이 많다. 나이가 들면서 그간의 고통을 보상받고 있다.

거리를 걷다보면 편의점, 프랜차이즈 빵집, 치킨 집 천지다. 소도시는 쥐 죽은 듯 조용해도 편의점 불빛은 한집 건너 한집일 정도로 정말 많다.

주인들 대부분이 회사 다니다 은퇴한 사람이다. 회사 생활만 해온 사람이 일찍부터 사업을 시작한 사람의 능력을 이겨 내겠는가? 그들은 눈물 젖은 빵을 먹고 실패의 좌절을 이겨낸 사람들이다.

고통을 두려워 마라. 도전을 무서워 하지마라. 남의 시선으로 내 인생을 살지 마라. 그렇다면 인생은 한번 살아볼 만하다. 용기내서 살아라.

당신이 속고 있는
재테크 불편한 진실 23가지

저축상품 투자의
기술을 말해주마

당신이 속고 있는 재테크 불편한 진실 23가지

09

저축상품 투자의
기술을 말해주마

"저축상품은 투자기간이 최소 1년 이상의 장기간을 투자해야 하고 단리, 복리 여부에 따라 표면금리가 같아도 최종 만기수익률이 큰 차이가 있음에도 너무 쉽게 생각하고 투자한다. 저축상품 투자는 무엇을 할 수 있는 의미 있는 종자돈을 만드는 과정으로 신중하게 선택해야 한다."

적립식 펀드, 변액보험을 제외하고 확정금리를 지급하는 저축상품에 대해서 당신은 얼마나 알고 있는가.

당신이 아는 저축상품은 은행의 적금(신탁형 포함)상품, 저축성보험, 연금 상품이 거의 전부일 것이다. 이들 상품은 수익률을 기준으로 경제성이 한참 떨어짐에도 저축상품을 대표하는 금융상품으로 자리하고 있다. 그러나 실제로 경제성 있는 저축상품은 따로 있다. 증권사의 적립식 RP, 소액 채권저축, 자유적립예금이 바로 이에 해당하는 상품이다. 그리고 매월 100만 원 이상 저축이 가능한 사람은 종금사 발행어음에 적금들 듯이 예금하면 복리효과를 얻을 수 있다.

저축상품은 월 소득으로 매월 일정 금액을 최소 1년 이상 투자해 무엇을 할 수 있을 정도의 의미 있는 종자돈을 만드는 것이다. 이 과정이 원활하게 이뤄져야 목돈을 만들 수 있고 이전소득을 가능하게 해 자산의 확대 재생산구조를 만들 수 있다.

적금은 단어 그대로 소액이 쌓여서 종자돈을 만드는 것이다.

금융회사가 판매하고 있는 적금형 상품은 종류도 다양하고 가지 수도 많다. 이 상품 중에서 나에게 맞는 적금상품을 찾는 것이 어려워 보인다. 그러나 아니다. 무척 쉽다. 대부분의 적금형 상품은 그 밥에 그 나물일 정도로 차이가 없다.

적금 상품은 일반적으로 금리 계산이 단리로 계산되기 때문에 정기예금 단리식처럼 표면금리가 만기까지 적용된다. 그래서 적금상품은 기간이 장기화될수록 기회 수익이 감소한다. 이러한 적금상품의 한계를 뛰어넘는 상품이 자유적립 예금이다. 자유적립 예금은 쉽게 말해서 매월 일정 금액을 저축하듯이 예금하는 상품으로 월 복리로 계산된다.

우리는 한때 적립식 펀드(주식형) 붐이 불면서 적립식 펀드를 적금상품으로 알고 있었다. 적금상품은 금리가 낮아도 안정성을 특징으로 한다. 그러나 적립식 펀드는 위험도가 높은 주식 성장형 펀드로 투자상품이지 적금상품이 아니다.

적립식 펀드에 투자하면 주가가 낮은 달에는 상대적으로 같은 돈으로 더 많은 주식을 살 수 있어 소위 분할 매수 효과가 발생한다고 말한다. 그렇다면 굳이 2%~3%의 높은 수수료를 내가면서 적립식 펀드에 투자할 이유가 없다. 자산운용사가 수급문제로 주로 편입시키는 종목들이 시가총액 상위 우량종목들이다. 그렇다면 따라 사면되는 것이지 뭐 하러 수수료 내가면서 적립식 펀드에 투자하는가.

주식투자는 주식시장이 장기간 침체국면으로 빠져들면 우량종목 중심으로 투자해도 원금 손실을 피할 수가 없다.

적금상품과 적립식 펀드를 혼동하지 않기 바란다.

적금상품은 최소한 아래의 3가지 조건은 갖추어야 한다.

첫째, 원금 보장이 되어야 한다.

적금은 투자상품이 아니다. 전형적인 저위험 저수익을 추구하

고 원금 보장이 확실해야 한다. 적금상품은 수익성 이전에 종자돈
이 되기 전까지 안정성 있게 쌈지 돈을 차곡 차곡 쌓는 과정에 적
합한 상품이다.

둘째, 금리가 높은 적금을 찾아 저축해라.

적금상품이 대표적 저위험·저수익 추구형 상품이라는 것은 앞
에서 말했다. 그렇다 쳐도 0.1%의 금리도 소중한 금리 비트의 시
대에 금리를 더 받을 수 있는 적금상품을 선택하는 것이 바람직하
지 않겠는가….

셋째, 적금상품을 장기로 운용하는 일은 피해야 한다.

적금상품의 투자 목적을 상기해 봐라. 적금상품은 빨리 종자돈
만들어 본격적인 투자에 대비하는 상품이지 그 자체가 목적이 아
니다. 물론 적금상품이 수익성을 담보하고 있다면 장기로 해도 된
다. 그러나 적금상품은 장기로 갈수록 기회 손실이 커지는 구조
다. 그러니까 저축기간이 장기인 민간 연금상품에 저축하지 말라
고 하는 것 아니겠는가. 연금상품이 소득공제, 비과세 등의 혜택
이 있다고 해도 금융상품은 금리로 말해야지. 이런 것은 금리의
중요성에 비추어 매우 하잘 것 없다. 특히 연금 같은 장기간의 시
간을 요하는 상품일수록….

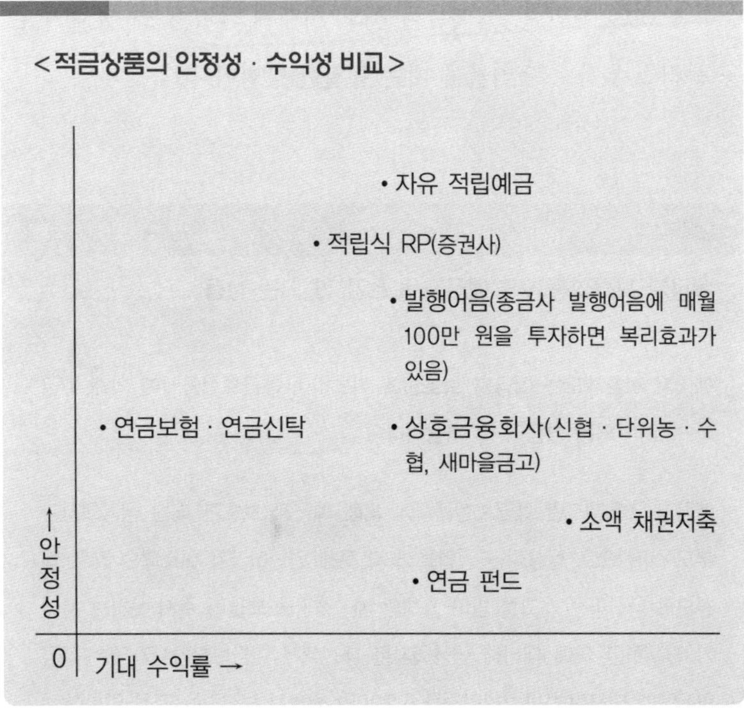

위 그래픽 자료를 참고하면 기대 수익률이 확정적인 저축상품 중에서 안정성이 있다고 했을 때 수익성이 앞서 있는 상품은 종금사 발행어음, 자유 적립예금, 3천만 원까지 실질적인 비과세 혜택이 주어지는 상호금융회사 상품, 증권사 적립식 RP(RP는 Pepurchase agreement의 약어로 환매조건부채권이라고 함)다. 우리가 흔히 알고 있는 은행상품, 저축성 보험은 다 빠져 있다. 앞으로 금융상품 투자는 1년 단위로 고수익 적금상품으로 운용한 후 만기가 되는 시점에가서 고수익 채권으로 갈아타는 싸이클을 반복 운용하는 것을 권한다. 실질금리 제로 시대에 그나마 이 방법이 금융 플러스 투자로 수익률을 내는 유일한 방법이다.

TIP 1.

예금자 보호상품 VS 예금자 보호가 안 되는 상품

예금자 보호제도는 예금자 보호법에 기초하여 예금보험공사에 의해 예금자 보호가 되는 상품이 그 대상이다.

예금자 보호제도란 예금보험공사에 의해 예금자 보호가 되는 금융회사가 부도·파산으로 정상적인 영업을 하지 못해 인·허가가 취소되는 경우 법원으로부터 파산 선고를 받아 고객의 예·적금을 되돌려 주지 못하는 사태가 발생하면 이에 대비해 금융회사를 대신해서 예금보험공사가 예·적금 합계액에 대하여 1인당 원리금을 5,000만 원까지 보장하는 것을 말한다.

예금자보호법에 의하여 1인당 예·적금 보장한도가 5,000만 원으로 하고 있지만 거래 금융회사를 여러 곳으로 나눠서 하면 금융회사 한 곳당 5,000만 원 씩으로 계산해 거래 금융회사마다 보장받을 수 있어 거래 금융회사가 많은 경우 수억 원 이상도 예금자 보호를 받을 수 있다. 다음 도표는 각 금융회사의 예금자 보호상품과 예금자 비보호상품에 대한 내용이다.

금융회사	예금자 보호상품	예금자 비보호 상품
은행	• 보통예금·별단예금 • 당좌예금·정기예금 • 원금 보존형 신탁 • 표지어음	• 외화예금, CD, RP • 은행발행 채권 • 개발신탁·수익증권 • 펀드·후순위 채권

저축은행	• 보통예금 · 표지어음 • 정기예금 · 신용예금 • 자유적립예금 ※저축은행 판매 상품은 모두 예금자 보호가 된다.	
종금사	• 표지어음 · 발행어음 • CMA	• 수익증권 • CP · 종금사 발행 채권
상호금융 회사	• 새마을금고의 예금자 보호제도는 새마을금고법에 의거 새마을연합회에서 예금보호 준비금으로 원리금 합계 5,000만 원까지 보장한다. • 신협은 신협법에 의거 신협중앙회 예금자 보호기금으로 신협의 모든 거래자에 대하여 1인당 원리금 5,000만 원까지 예금자 보호를 해 준다. • 단위농협 · 수협 역시 각 중앙회 기금으로 1인당 5,000만 원까지 원리금이 보장된다.	

확정금리 상품 투자 이렇게 안하면 성공한다.

확정금리란 가입시점의 금리가 만기까지 확정되는 것을 말한다. 보통 확정금리 상품은 가입시점에 대해 금리가 떨어질 것으로 예측될 때 유리하다고 말한다. 물론 그 반대의 경우에는 변동금리 상품이 유리하다 전문가 그룹의 대체적인 예측은 향후 금리가 더 떨어질 것으로 보고 있다. 최근 유로존 국가의 재정위기로 안전자산으로 평가되는 미국 국채에 대한 수요가 몰리면서 미국의 국채금리가 크게 낮아졌다.(채권가격은 금리와 반비례하기 때문에 채권은 보통 금리가 높을 때 매입해서 낮을 때 팔면 매매수익률이 높아진다.) 미국연방준비위원회(FRB)의 국채금리는 리보(LiBor) 금리와 함께 세계기준금리의 역할을 하기 때문에 미국 국채금리의 하락은 국내 금융시장의 금리 하락에 크게 영향을 미친다. 절대적이지는 않지만 금리가 계속 낮아지는 것을 전제로 금융상품의 경우 확정금리상품이 유리하다는 것에 이견이 없다.

문제는 우리가 이 부분에 대해서 정확한 이해가 부족하다는 점이다. 금융지식 보완을 위해 아래의 내용을 주의깊게 보기 바란다.

첫째 연금, 보험사의 저축상품은 변동금리 상품이다.

대표적인 연금상품인 은행의 개인연금신탁, 연금보험저축은 운용수익률과 금리변화에 따라 수익률이 변동되는 상품이다. 특히 보험사의 연금, 저축상품은 예정이율이라고 해서 매월 금리가 변동되는 금리방식을 적용하고 있다. 향후 시장금리가 현재보다 더 낮아지는 것을 가정할 때 변동금리 방식을 택하고 있는 연금상품 · 저축성보험의 금리는 더 낮아진다고 말할 수 있다.

둘째, 저축은행의 금리경쟁력이 사라졌다.

개인대주주 저축은행은 금융지주회사들이 인수하면서 저축은행의 대표적 확정금리상품인 정기예금 · 신용부금(은행의 정기적금)의 금리가 낮아지고 있어 은행과 별 차이가 없다. 지금까지 저축은행이 부자들의 사금고라고까지 했던 이유는 저축은행의 재무안정성이 불안한 것은 사실이나 저축은행의 계정상품은 모두 1인당 5천만 원까지 예금보험공사에 의해 예금자 보호가 되고 정기예금의 경우 평균적으로 은행보다 1% 이상 금리가 높았기 때문이다. 그러나 이제 저축은행 상품이 더 이상 고금리를 보장하던 시대는 지났다.

셋째, 확정금리+추가옵션이 있는 주식연계채권에 관심을 가져라.

대표적인 주식연계채권이 채권을 주식으로 전환할 수 있는 권리가 부여된 전환사채와 신주인수권이 부여되는 신주인수권사채와 이들 상품은 사전에 주어진 옵션을 행사하지 않아도 만기까지 채권을 보유하면 발행금리를 보장받을 수 있으며 주가가 오를 때 채권을 주식으로 전환하거나 낮은 가격으로 신주를 인수함으로써 투자수익률을 크게 높일 수 있는 기회를 얻을 수 있다.

넷째, 종금사 대표상품은 예금자 보호가 되며 확정금리를 지급한다.

종금사 대표상품인 발행어음, CMA, 표지어음은 모두 예금자 보호가 되며 확정금리를 지급한다. 그리고 또 하나의 장점이 시장 실세금리가 적용되기 때문에 적어도 6개월 이내의 투자는 종금사 상품이 경쟁력이 있다.

이밖에 확정금리 상품은 3천만 원(출자금 1,000만 원의 배당수익 포함)까지 비과세되는 상호금융회사(단위농협, 수협, 신협, 새마을금고)의 예·적금 상품이 있다. 그러나 정말 고수익 확정금리 상품은 기업이 자금을 조달하기 위해 발행하는 회사채, 유동화증권(ABS, 후순위채권 포함)이 있다. 이들 상품은 발행주체의 신용등급(위험가중치)에 의해 수익률이 결정되기 때문에 한국은행 기준금리가 3.25%인 현재에도 그 두 배가 되는 고수익 상품이 즐비하다. 그래서 똑똑한 투자자는 이들 상품을 판매하는 종금사, 대형증권사에 가서 금융상품 쇼핑을 한다. 확정금리 상품투자 더 이상 머뭇거리지 말고 당신의 쇼핑공간을 은행(보험사 포함)에서 종금사, 대형증권사로 바꾸어야만 한다. 이렇게만 하면 은행(보험사 포함)의 확정금리 상품과 비교해 최소한 1% 이상 최대 2배 이상의 금리를 더 받을 수 있다.

▌가계 빚 900조 시대 뺄셈의 재테크를 먼저 하라

총 가계 대출이 사상 최고액인 900조가 넘고 이자 부담액만 50조 원이다. 이 와중에 소위 2금융권이라고 하는 저축은행, 캐피탈 회사의 대출금리는 오히려 더 높아졌다.

재테크에서는 100원을 버는 것보다 100원을 줄이는 것이 더 쉽다. 100원을 더 버는 것은 어렵지만 100을 덜 쓰는 것은 자신의 의지로 할 수 있는 일이다. 지금 우리는 재테크보다 빚테크가 더 필요한 시점이다.

빚, 어떻게 하면 줄일 수 있을까. 그 방법에 대해 고민해 보자.

첫째, 신용 관리를 잘하면 이자가 줄어든다.

은행의 신용대출 금리를 결정하는 것은 당신의 신용이다. 신용 등급에 따라 적용되는 금리가 다르다. 금융회사와의 어떠한 대출 거래에서도 연체를 시키면 안 된다. 연체는 금융회사에 당신의 약점을 바로 드러내는 행위다. 이들은 이것을 약점삼아 당신의 대출 금리를 높이는 데 이용한다.

현재는 개인의 신용정보가 통합 관리된다. 금융회사의 대출은 어느 회사가 됐든 연체를 발생시켜서는 안 된다.

　신용 대출의 경우 은행권과 2금융권의 대출금리는 상당한 차이가 있다. 당신의 신용등급이 최소한 3등급 이내라면 10% 내외의 금리로 1,000만 원을 대출 받는 것은 문제도 안 된다. 그러나 그 이하로 내려갈수록 대출금리가 오르고 급기야는 사채 수준의 금리로 대출받아야 하는 상황까지 갈 수 있다.

　1,000만 원을 정기예금에 1년 복리로 투자해서 받을 수 있는 세후이자가 35만 원 정도다. 만약 30%가 넘는 금리로 1,000만 원을 대출받았다고 가정하면 년으로 360만 원의 이자를 내야 한다. 360만 원의 이자를 정기예금에 투자해 받기 위해서는 1억 원을 투자해야 받을 수 있다. 이런 고금리 대출을 받는 사람이 재테크를 한다는 것은 가당치 않은 일이다.

　둘째, 되도록 저금리 대출상품을 이용한다.
　신용등급이 일정기준 이상이 되면 저금리 대출상품으로 갈아탈 수 있는 기회가 많아진다.
　바꿔 드림론, 햇살론, 전세자금 대출, 생애최초 주택 구입자금 대출, 보금자리론 등 이 대표적인 저금리 대출상품들이다. 이 상품들은 금리도 낮고 상환조건도 좋다. 그러나 신용등급이 떨어지는 개인은 받기 어렵다. 사소한 금융거래에서의 부주의가 결국 이런 기회를 날려 버리는 우를 범하게 하는 것이다.

셋째. 변동금리 대출로 갈아타라.

현재 금리는 저금리다. 과거의 패턴으로 생각해서는 앞으로 금리가 올라야 한다. 하지만 앞으로 금리가 오를 확률보다 내릴 확률이 더 크다. 이는 우리 경제가 본격적인 감속 시대로 진입함에 따라서 금융시장의 생태계에도 큰 변화가 왔기 때문이다. 향후 대출을 받아야 한다면 확정금리형보다는 변동금리형이 유리하다.

우리의 재테크는 지금껏 얼마를 더 버느냐의 덧셈의 재테크에 주력해 왔다. 이것이 가능했던 것은 적어도 2000년 후반까지는 부동산 버블에 의한 가처분 소득의 증가가 물가 상승을 압도할 정도로 컸기 때문이다. 그러나 다시 부동산 버블이 개인에게 막대한 가처분 소득을 안겨주는 시대는 오지 않는다. 우리의 재테크도 감속 시대에 맞게 전략을 달리 해야 한다. 이제는 덧셈의 재테크가 아니라 뺄셈의 재테크를 해야 하는 시대다.

당신이 속고 있는
재테크 불편한 진실 23가지

명품으로
당신의 초라함을
감출 수는 없다

당신이 속고 있는 재테크 불편한 진실 23가지

10

명품으로 당신의 초라함을 감출 수는 없다

"우리 시대는 가치 상실의 시대다. 20대, 30대 초반의 오피스걸들이 자신의 몇 달치분의 월급에 해당되는 샤넬 핸드백을 손에 걸친다고 한들 내면의 초라함을 감출 수는 없다. 그러나 우리 모두는 정도가 다를 뿐 남의 평가에서 자신의 존재감을 찾는 것만은 부정할 수 없다."

요즘은 애 어른 할 것이 모두들 돈 돈 돈 이다. 아이들에게 꿈을 물어도 돈 많이 버는 부자가 된다고 말하지, 사회의 공익적 가치가 있는 일을 하겠다는 소리는 들리지 않는다. 어떻게 부자가 되는 것이 꿈이 될 수 있는가. 아이들이 이렇게 생각하는 것은 당연한 일인지 모른다. 사람의 의식은 그 사람이 사는 사회의 물적 토대가 가장 큰 영향을 미친다. 아이들은 그들이 보고 자란대로 가치관이 형성되고 그 가치관을 바탕으로 표현한다.

부자가 되면 뭐가 좋을까. 물질이 사람의 의식까지 종속시키는 세상에 살면서 우리 스스로 물질에 대해 너무 많은 가치를 부여하는 것은 아닐까?

부자가 아니어도 세상을 행복하게 살 수는 없는 것일까?

대한민국에서 가장 부자라는 이건희는 소중한 막내딸은 잃었고, 현대그룹의 계승자 정몽헌은 정치 소용돌이에 휘말려 그의 집무실에서 뛰어 내려 스스로 세상과 작별했다.
그들의 삶이 행복해 보이지만은 않는다.

서바이벌 오디션 프로그램에 사람이 구름떼처럼 몰리는 것은 아이들에게는 그나마 이 방법이 합법적으로 부와 명예를 모두 얻을 수 있는 유일한 방법이기 때문이라는 생각도 해본다.

꿈과 희망의 상실 시대, 미래를 위해 근검 절약하며 살라는 말이 가당치도 않은 얘기로 폄하되고 있는 시대에 우리는 살고 있다. 신상 명품을 사지 못하면 안절부절 못하는 사람이 정말 극히 소수만의 일일까?

어쩌면 명품만이 나를 위로 하고 나의 초라함을 감출 수 있는 유일한 도피처가 되는 것은 아닐까. 아무튼 우리는 명품이 사람의 인격을 대신하는 시대에 살고 있다.

상권 분석에서 점포의 입지조건으로 기피해야 할 곳 1순위가 점포는 구릉지에 있어서는 안 되고, 이미 강력한 경쟁자가 자리 잡고 있는 곳에는 점포를 열어서는 안 된다는 내용이다.

그러나 명품관으로 유명한 갤러리아 백화점은 구릉지에 있고 주변에 강력한 경쟁 백화점이 한 곳도 아니고 여러 곳이 있다.

한화그룹의 사주 김승연은 사석에서 이런 말을 했다고 한다. "갤러리아 백화점은 참 재미있단 말이야, 위치는 청담동 언덕에 있어 접근성이 떨어지고 역세권이 아닌데도 장사가 잘 된다 말이야"라고….

갤러리아 백화점 반경 10km 이내에만 현대 압구정점, 삼성동 무역센터점, 신세계의 고속터미널점, 대치동 롯데백화점 등 국내 최고의 백화점이 자리하고 있다. 갤러리아 백화점은 이곳들과 비교해 규모도 작을 뿐더러 주부들이 자주 찾는 신선 식품 매장도 넓지 않다.

접근성도 크게 떨어진다. 이런 백화점은 벌써 사라져야 했다.

그러나 이 백화점은 밀려오는 고객으로 명품관을 계속 확장하고 있다. 이유가 뭘까?

갤러리아 백화점의 충성도 높은 고객은 강남의 가정주부가 아니다. 자신의 몇 달치 월급에 해당되는 돈을 명품 구입에 쏟아 붓는 20대, 30대의 오피스걸이다.

이들은 말하고 있다. 명품은 내구성이 튼튼해 일반제품 10개 사는 것보다 낫다고. 과연 그 말이 진실일까? 세상에 나와 있는 명품의 대부분은 세계의 제조 공장 중국에서 OEM 방식으로 생산된 것이다. 정말 오리지널티를 살리려면 밀라노 뒷골목의 수공업체를 찾아가야 한다. OEM 방식으로 생산된 명품과 구별 못할 정도로 A급 짝퉁도 정교하게 만들어진다. 그런데도 왜 젊은 여성들은 자신이 어렵게 번 돈으로 명품을 구입하는 데 혈안이 되어 있는 걸까?

이유를 알고 나면 너무 허망하기까지 하다.

겨우 남이 나를 어떻게 생각하는가를 평가받기 위함이다. 명품의 내구성이 아니라 명품을 가짐으로써 받게 되는 남들의 평가가 주된 이유다. 강남 아파트를 명품 아파트라고 한다. 1990년대에 지어진 대부분의 강남 아파트는 구조도 협소하고 낡았다. 주거 공간의 가치로 따져 상·중·하 중 하다. 그럼에도 강남 아파트에 살지 못해 안달이다.

꽤 성공한 의사가 타워팰리스에 입주하면서 감격했다고 한다. 그는 타워팰리스 입주가 대한민국 상위 1%가 되는 좁은 문을 드디어 통과했다고 생각하고 있다. 그러나 그는 그 많은 돈을 주고 대한민국의 상위 1%가 됐는지 몰라도 커튼 월 방식의 철근 콘크리트 범벅의 주상복합에 살면서 많은 불편함을 감수해야 한다.

웃기는 일이다. 벌거숭이 임금님 우화가 생각난다. 저자 주변에도 이런 유형의 인간이 차고 넘친다. 이런 유형의 인간들에게 인격도 명품이 되라고 한다면 시대착오적 사고를 갖고 있는 사람으로 매도될 것이 뻔하다. 명품 마케팅 사례는 우리 젊은이들이 미래의 희망이 사라져 현실의 쾌락만을 추구하는 삶을 살고 있지 않은가 걱정스럽다.

명품을 걸치지 않아도 키가 작아도 얼굴이 못생겨도 그의 열정과 진성성에서 아름다움을 발견할 수는 없는 걸까?

물론 우리가 일상에서 만나는 대부분의 사람에게는 거리가 먼 얘기다.

걱정스러운 것은 자본과 언론이 명품 열풍을 조장하는 시대에 우리의 젊은이들이 혹시 자신 스스로를 비하하지 않을까 하는 점이다. 그러나 이로 인해 패배감을 갖지 않기 바란다. 세상은 항상 99%의 루저가 지배해 왔으며 1%는 99%가 생산한 잉여가치로 먹고사는 자들이다. 이 글을 쓰고 있는 저자 역시 루저이고 저자의 아이도 아버지처럼 루저로 살아갈 것이다. 루저가 행복한 세상이 진짜 행복한 세상이다.

당신이 속고 있는
재테크 불편한 진실 23가지

청년 실업 문제를
해결하는 법

당신이 속고 있는 재테크 불편한 진실 23가지

청년 실업 문제를
해결하는 법

⋮

"청년 실업의 근복적 원인은 신자유주의 경제의 구조적 문제에서 온
것이다. 현재의 경제 시스템에서는 고용 없는 성장은 계속될 것이며 청
년 실업은 상수(常數)다. 경제 시스템을 개혁해 공정한 룰을 만든 후에
실업의 문제를 개인에게 물어야 한다."

청년들은 꼰대들에게 이렇게 말한다. "너희들은 늙고 노회했
어, 너희들에게 정의감이라고는 없어, 너희들은 우리 미래에 재를
뿌리는 존재일 뿐이라고." 과연 그렇기만 한걸까. 적어도 생각
하고 사는 꼰대들은 지금 청년들의 고통을 이해하고 함께 하려고
한다.

원죄가 있기 때문에 선두에 서서 힘을 보태지는 못해도 자신의
자리에서 묵묵히 소명의식을 갖고 이 잘못된 구조를 깨기 위해 노

력하고 있다.

그러나 이런 꼰대들의 눈에 지금의 청년들이 이해되지 않는 점이 있다. 꼰대들의 눈에는 지금의 청년들이 정의롭지도 않으며 자신의 이익만 좇는 극도의 개인주의자들로 비춰진다.

청년 실업의 직접적 피해자인 그들이 왜 연대하지 못하고 자신에게 돌아올 피해만을 의식해 공동의 문제에 함께 대처하지 못하고 이에 침묵하는지를 이해 못하겠다.

연대하고 참여하면 세상은 바꿀 수가 있다. 등록금 문제가 전부 해결되지는 않았지만 이제 그 물꼬는 틀었다. 그나마 소수의 정의로운 청년들이 선두에서 목소리를 키우고 시민 사회가 그 문제의 심각성을 공유했기에 얻어진 결과물이다.

청년 실업의 근본적 원인은 신자유주의 경제의 구조적 문제에서 온 것이다. 현재의 경제 시스템에서는 고용 없는 성장 시대는 계속될 수밖에 없다. 시스템을 개혁해 공정한 경쟁의 룰을 만들어내야 한다.

고용의 85%를 책임지고 있는 중소기업의 생존권을 대기업이 쥐고 있는 시대다. 대기업의 경영 전략에 따라 중소기업은 언제든지 도태될 수 있다. 대기업 중심의 경제 시스템을 개혁해야 한다. 대기업의 불공정 관행은 정부가 균형 있는 정책으로 시장에 개입하는 것만으로도 많은 부분이 좋아질 수 있다.

정부의 정책 방향은 유권자의 힘으로 바꿀 수 있다. 정부를 움직이는 정치 집단은 국민의 표로 심판받는다. 정치 집단은 투표권이 있는 유권자를 두려워한다. 국민 절대 다수가 현재의 대기업 중심의 경제 정책을 반대하고 서민·중소기업을 정책의 중심에 두는 정치 집단을 선택하는 것만으로 세상은 바꿀 수가 있다.

이명박 정부 하에서 대기업 중심의 경제 정책은 매우 노골적으로 진행되어 왔다. 그 공간을 이용해 대기업은 계열사 늘리고 압도적인 시장 지배력을 가지고 중소기업을 쥐어짜는 것으로 그들의 생산성을 높였다. 이러한 불공정한 시스템을 개선하고자 이익공유제의 필요성이 공감대를 확산해 나가는 시점에 대기업이 이를 좌파 포퓰리즘의 이데올로기 공세로 몰아붙여 논의조차 못하고 있다. 이미 거대한 괴물이 되버린 대기업을 통제하고 재갈을 물리지 않으면 안 되는 시점이다.

개인적으로 우리 청년들이 자랑스럽다. 이 모순된 경제 시스템만 개혁된다면 청년들은 우리 세대보다 더 큰 일 들을 해 낼 수 있는 잠재역량이 큰 세대이다.

일제 강점기에서 해방된 이후 우리 역사에서 이처럼 세계화 마인드로 무장되고 역량 있는 세대가 존재하지 않았다.

저자의 세대만 해도 해외 유학, 해외 여행은 자유롭지 않았다. 저자가 해외에 처음 나가 본 것도 직장 연수 프로그램으로 나간 것이다. 그때 나이가 이미 30살이 넘었다.

우리 세대의 세계관에서 미국은 그 중심이었고 미국은 모든 분야에서 우리의 벤치마킹 대상이었다. 양키 컴플렉스는 우리의 잠재의식에 미국은 강한 나라라는 인식이 확고히 자리잡게 했다.

지금의 청년들에게는 과거의 유물쯤으로 여겨질 것이다. 왜냐하면 이미 우리 청년들은 미국을 뛰어넘어 세계와 경쟁하는 세대다. 우리 청년들은 우리 세대와는 비교조차 안 되는 다양한 사회를 경험해 왔다. 세계의 청년들과 경쟁해 많은 분야에서 승리의 월계관을 이미 써 본 세대다.

우리 세대에게는 꿈의 숫자인 토익 900점 이상, 해외 경험, 다양한 동아리 활동, 능숙한 컴퓨터 활용 능력 등 거의 완벽한 스펙을 가진 이가 한 둘이 아니다. 그럼에도 이들이 그들의 능력을 마음껏 펼치지 못하는 세상이다.

한국 경제의 압축성장 시기에 사회에 나온 우리 세대는 일자리 때문에 이처럼 고통받지 않았다. 특별히 영어를 잘하지 않아도 대기업·금융회사에 취직할 수 있었다.

지금 대기업·금융회사에 들어가기 위해서 하는 스펙 쌓기는 실무에 들어가면 거의 필요가 없다. 업무에 따라서 다르기는 하겠지만 회사에서의 일이라는 것은 대부분 사람과의 관계 맺고 협력하는 것이 더 중요하다. 실무는 평균 정도의 잠재능력을 가진 사람이면 배워가면서 다 할 수 있다.

그럼에도 스펙으로 사람을 평가하는 이유는 그것이 사람을 줄 세워 우열을 가르기에는 기업 입장에서 가장 경제적인 방법이다.

스펙이 높을수록 기대치가 커지는 것은 당연하다. 수월성 교육의 수혜자들에게는 불확실한 미래에 스펙 쌓기는 가장 고효율의 경제적 행위다. 우수한 인재들이 그들이 원하든 원치 않든 간에 국가고시에 목을 맨다. 우수한 자원이 이 부분에 집중되는 것은 국가에도 큰 손실이다.

중소기업은 근무여건이 대기업보다 열악하다. 그러나 스펙 쌓는 데 1년을 보내는 것보다 중소기업에서 1년의 실무 경험이 커리어에 더 도움이 되고 그 경험을 바탕으로 해서 더 많은 기회를 얻을 수 있다. 1등부터 꼴등까지 스펙으로 줄 세우는 취업시장에서 상위권의 소수자만 그들이 원하는 회사에 들어간다.

자신이 원하는 회사에 들어가지 못했다고 인생이 끝나는 것도 아니고 이것이 새로운 성장의 계기가 될 수 있다. 처음 가는 길은 누구에게나 두렵다. 그러나 두려워하지 말고 맞서라. 세상 별것 아니다. 그리고 끊임없이 사고하고 움직여라. 그 고통스런 경험이 훗날 훈장이 되어 돌아오는 사례를 살면서 많이 보아왔다.

청년 실업 문제는 청년이 만든 것이 아니다. 청년들은 희생자다. 청년 실업 문제는 한국 자본주의 전개 과정에서 발생된 구조적 문제다.

지금 같은 고용시장에서는 그 혜택은 소수자에게만 돌아간다. 개인의 문제로 돌려서는 해결될 수가 없다. 새로운 시각으로 해법을 찾지 안으면 안 된다.

신자유주의 경제 시스템을 적극적으로 수용한 덴마크에서도 일자리 문제는 사회 불평등을 야기시키는 주원인이 되고 있다.

덴마크는 이를 노동자의 탓으로 돌리지 않고 노동시간 단축을 통한한 일자리 늘리기, 임금 체계의 개선을 노사정이 합의하여 풀고 있다.

정부가 인턴 사원을 늘린다고 해서 실업 문제는 해결되지 않는다. 경제 시스템을 바꾸는 데 국민이 한 목소리를 내고 참여해서 정치적 영향력을 행사할 때 해결의 실마리를 풀 수 있다. 관 주도의 성장 전략으로 덩치를 키운 국내 대기업은 정부의 힘을 무시하지 않는다. 여전히 그들에게 정부는 두려운 존재다. 국민이 정부를 움직이면 대기업은 이에 따르지 않을 수 없다. 대기업에게 무슨 자비심을 기대하는가?
이들은 국민의 힘을 보여주고 강제해야만 움직이는 존재다.

삼성전자가 승승장구하는 데는 이명박 정부의 고환율, 법인세 실질 감면 정책이 큰 힘이 되었다. 이 정책으로 삼성전자는 글로벌 시장에서 강력한 경쟁자들이 생산한 제품보다 최소 30% 이상의 가격 우위를 갖게 됐다.

고환율 정책은 물가 상승의 원인이다. 따라서 고환율 정책으로 삼성전자는 사상 최고의 실적을 올렸는지는 모르지만 일반 국민의 삶은 더 열악해졌다. 예전이나 현재도 국내 대기업은 국민의 희생 위에 성장한 것이다. 그런 이들이 국민의 고통을 외면하는 것은 용서받지 못할 일이다.

청년들이여, 연대하고 참여해서 저항해라. 청년 실업 문제에 나만 살겠다고 각개 약진하는 것은 이 모순된 구조를 고착화시키는 일밖에는 안 된다.

프랑스 대학생이 주축이 된 68혁명으로 프랑스에서 등록금이 폐지되고 대학 서열이 사실상 사라졌다. 이 68혁명이 도화선이 되어 유럽 전역에서 교육 혁명의 바람이 가열차게 일어났다.

지금 프랑스 대학생은 100유로 정도를 등록금으로 내고 있고 독일도 니더작센, 프랑크프르트의 2개주를 제외하고 등록금이 철폐됐다.

우리가 매우 잘못 알고 있는 것이 재테크를 테크닉으로 알고 있는 점이다. 개인의 부는 절대적으로 임금의 차이에서 오는 것임을 알아야만 한다. 안정적인 소득 없이는 절대 재테크로 부를 이룰 수가 없다. 그래서 이 불평등한 임금구조를 공동으로 대응해 깨는 것이 재테크의 시작이 돼야만 한다.

청년들이 꼰대라고 부르는 베이비붐 세대도 1987년에 군부독재 시대를 종식시킨 힘을 보여주었다. 개인은 약하고 힘이 없지만 뭉치면 역사의 물줄기를 바꿀 수 있는 힘을 가졌다.

청년이여, 두려워마라. 그리고 사회적 모순에 대해 참여하고 저항하라. 용기 내서 광장에 나가 그대들의 친구들과 연대해라. 이것이 청년 실업, 대학 등록금 문제 더 나가 부자로 살기 위한 재테크를 푸는 첫 단추다.

― 책 속의 책 "생각의 나무"

▌부자 삼성, 가난한 한국

"한국 재벌은 그들의 이익이 다른 사람의 이익이 될 수 있는 어떠한 비용에도 인색하다. 삼성의 이익만큼 손해를 본 것은 다름아닌 한국 국민일 가능성이 높다." 이 글은 〈부자 삼성 · 가난한 한국〉의 저자 미쓰하시 다카 아키노가 말한 것이다.

축구 경기에서 11명의 선수가 뛰어야 함에도 심판까지 가세하여 14명이 뛴다고 가정해보자. 말도 되지 않는다고 생각할 것이다. 그러나 우리 산업 현장에서는 실제 그런 일이 일어났다. 정부가 국가 보조금, 지원금을 왕창 밀어주고 그것도 모자라 기업에게 적정한 이윤을 보장하기 위해 내수 시장에서는 비싼 가격으로 상품을 팔게 해줬다. 또 외산 제품에는 높은 관세를 부과해 국내 시장을 보호까지 해줬다.

재벌의 성장사를 두고 신화니 어쩌니 해도 현대, 삼성, 이미 몰락한 대우, 다 그렇게 컸다. 그래도 한국 재벌에게 면죄부를 줄 수 있다. 고용 문제에서는 이들밖에 비빌 언덕이 없는 현실 때문이다. 그러나 국내 대기업들은 자본 이득에만 욕심 부리고 깊은 고뇌 없이 국내 생산기지를 아예 없애거나 무조건 해외로 빠져나갈 생각만 한다. 지금처럼 재벌이 사회적 공익을 외면하고 더 큰 탐욕을 부리다가는 국민의 분노가 이를 가만두지 않을 것이다. 대한민국 땅에서 재벌이 국민과 공생하며 기업의 계속성을 이어가기 위해서는 시장과 기업의 이익을 공유하지 않으면 안 된다. 기업이 사회적 약자와 이익을 나누는 일은 소비 계층을 늘린다는 점에서 기업에게도 결코 불리하지 않다. 이 단순한 경제법칙을 국내 대기업들이 깨닫기 바란다.

당신이 속고 있는
재테크 불편한 진실 23가지

당신의 아이에게 미래를 선물하는 부모가 되라

당신이 속고 있는 재테크 불편한 진실 23가지

12

당신의 아이에게
미래를 선물하는 부모가 되라

"대한민국에 살면서 학벌의 피해를 가장 많이 본 부모들이 이를 더 고착화시키는 일에 앞장서는 것은 모순이다. 공부는 아이의 재능을 평가하는 도구의 하나이지 전부가 아니다."

부모는 아이에게 미래를 선물하는 존재가 되야 한다. 부모는 아이가 스스로 재능을 발견하고 그들의 길을 가는 데 인내심을 가지고 지켜 줘야 한다. 부모가 자기만족을 위해 자녀에게 그 무엇도 강요해서는 안 된다.

논어에서는 지자 불혹이라고 했다. 사람 나이가 40에 이르면 세상에 유혹받지 않고, 50이 되면 하늘의 이치에 닿는다고 말한다. 이 나이가 되도록 세상의 탐욕에서 벗어나지 못한 사람은 인생을 한번 되돌아봐야 한다. 우리나라에서의 학벌로 사람을 줄 세우는 일은 인종차별보다 더 나쁘다. 인종차별 문제는 세계인의 각성으로 인종차별 발언을 하는 것조차 매도되는 세상이다. 그런 데 우리나라에서 학벌로 사람을 줄 세우는 것은 여전하다. 무엇 때문에 학벌 줄 세우기가 사라지지 않는가? 이 반문명적 행태가 말이다.

다 부모들 욕심 때문이다. 부모가 기득권자들이 그들에게 유리 하게 만든 게임의 법칙에 순종하게 만들고 있다.

대한민국에 살면서 학벌의 피해를 가장 많이 본 부모들이 이를 더 고착화시키는 일에 앞장서고 있다는 것은 모순이다. 공부는 아 이들 재능을 평가하는 하나의 도구이지 전부가 아니다.

학습 능력이 있는 인간은 반복적인 학습, 자기성찰 등으로 얼마 든지 달라질 수 있다. 그렇다고 해서 자신이 갖고 태어난 유전자 의 특성까지 버리지는 못한다. 완전한 인간이 되기 위해서 겪어야 하는 고통은 감내하기 어렵다. 그래서 우리는 해탈의 경지에 이른 사람을 성자라고 부르는 것 아니겠는가.

우리는 보통의 인간이다. 우리는 울트라 파워풀한 능력의 소유

자가 아니다. 자신이 잘하는 일을 해도 고통이 따르는 데 자신이
원하지 않는 일에 시간을 쏟는 일은 정말 어리석다.

우리는 우리 아이가 어떤 재능이 있고 무엇을 하고 싶은지를 귀
기울여 듣지 않는다. 처음부터 학벌 줄 세우기에 집어 넣는다. 이
렇게 하느니 차라리 아이를 방치하는 것이 더 낫다. 희생이라는
이름으로 자신을 미화하지 마라. 이미 그 말을 진정성 있게 받아
들이기에는 우리 아이들은 매우 지쳐 있다.

우리는 왜 그래야만 하는지를 설명하지고 않고 아이들을 끊임
없이 경쟁에 몰아넣고 있다. 아이들의 성장 과정에서 꼭 필요한
경험들을 못하게 만든다. 이렇게 자란 아이들이 법관이 되고 정치
인이 된다고 해서 우리 사회의 거름같은 역할을 할 수 있겠는가.

특목고, 자율형 사립고 그것도 모자라서 내국인이 갈 수 있는
국제학교까지 만들어 처음부터 아이를 차별화시켜 패배감을 일찍
경험시키는 행위는 도대체 누구를 위한 것인가?
이렇게 해서 특수학교에 들어간 아이들이 우리 공동체를 위해
무슨 기여를 할 수 있을까? 결국 아이들을 교육이라는 경쟁 시스
템에 몰아넣는 행위는 현대판 신분 승계라는 무서운 악마가 숨어
있다.

지금 시대는 그 어떤 시대보다 불안정하다. 미래의 불확실성에서 오는 위험은 크게 증가했다. 이런 시대에 교육만큼 최소의 비용으로 최대의 효과를 내는 것도 없을 것이라는 점에서 이해가 안 가는 것도 아니다.

농경 사회에서나 출세의 지름길이 되어 주던 학벌주의는 "창조성의 가치"에 의해 무너져 내리고 있다. 외고를 나오고 아이비리그를 나온다 해서 성공이 보장되는 시대가 아니다. 성공의 가치에 대한 세상의 눈도 변했다.

사람들은 학벌이라는 훈장을 덕지덕지 단 성공한 사람에게 감동받지 않는다. 이들보다 어려운 여건에서 꿈을 잃지 않고 사회적으로 공익적 활동을 하는 사람을 이 시대의 영웅으로 본다. 무슨 일을 하든 그 분야에서 열심히 일하는 사람은 감동을 준다.

생활의 달인에 나오는 사람들 면면을 봐라. 그들이 하는 일들이 기존의 통념으로는 보잘 것 없어도 사람들은 그들을 존경하고 그들에게서 감동을 받는다.

지금은 웹 2.0의 시대다. 만인이 정보 생산의 주체이면서 소비의 주체인 시대다. 인터넷, SNS를 통해 실시간으로 정보가 교환

되고 소통되는 시대다. 온라인으로 교육 혁명이 일어난 시대다. 왜 지금도 도제 방식의 대학 교육이 존재하는가. 하버드에서 배우는 텍스트가 국내 대학에서 배우는 텍스트와 다르지 않다. 인터넷을 통하면 대학의 교과 과정에서 배우는 것보다 지식과 정보가 넘쳐난다. 과거처럼 대학이 지식과 최신 정보를 독점하는 시대가 아니다. 그럼에도 오프라인 교육기관이 교육시장을 지배하는 것은 학벌이 신분제 사회에서의 계급 역할을 하기 때문 아니겠는가.

우리나라 부모들의 학업에 대한 기대치는 세계 최고 수준이다. 잘하는 아이나 공부에 흥미가 없는 아이, 모두 공부하는 기계로 양육된다. 우리 아이들이 중·고등 과정에서는 올림피아드 등의 국제 경시 대회에서는 두각을 나타내면서도 정작 사회에 나가서는 창의성이 요구되는 R&D 분야에서는 뒤지고 있다. 쳇바퀴 돌듯 선행학습이라는 이름으로 쉼없이 학원가를 전전하는 동안 창의성은 사라져버렸기 때문이다.

공부는 인간이 가지고 있는 재능의 한 가지이지 한 인간을 평가하는 잣대가 되서는 안 된다.

학벌로 득보는 자는 1%다. 문제는 2%가 98%를 차별하고 또 3%가 97%를 차별하는 차별의 도미노 구조다.

학벌의 먹이사슬 구조에서는 학벌로 인한 콤플렉스를 누구나 가지고 있다. 겨우 상위 1%가 학벌로 득보는 데 이를 방임해야 하는가.

가진 것은 학벌밖에 없는 인간들이 하는 짓거리를 봐라. 정부에서 한자리 차지하고서 국민의 이익에 반하는 정책들은 서슴지 않는다. 이들이 무서워하는 것은 국민이 아니다. 그들의 임명권자다. 이러니 경제정책이 국민이 느끼는 체감지수와 온도차가 큰 것이다. 이 한줌도 안 되는 인간들이 코드 인사라는 이름으로 계속해 회전문 인사의 수혜자가 되는 구조는 바꾸어야 한다. 이들은 자기 일신만을 위해 사는 현대판 잉여 인간들이다.

학벌이 한 인간의 능력을 평가하는 모든 것이 되는 사회에서 사회발전이 있을 수 있겠는가.

청년들이 기업을 원망하는 이유 중에는 입사에 동등한 기회를 달라는 것이다. 기업이 원하는 스펙을 갖췄어도 학교 간 등급이 존재해 불이익을 받고 있다는 것이다. 우리나라에서 명문대 나왔다고 학벌 내세울 수 있는 사람이 몇 %나 되나? 삼성전자 대졸 엔지니어 중에서 가장 높은 비율을 차지하는 대학이 광운대, 경북대, 아주대 공대 출신이다. 이 학교들이 소위 명문대 소리 듣는 대학은 아니지 않는가. 세상은 대기업조차도 범제가 이끌고 있다. 자신도 학벌 컴플렉스를 가진 인간들이 학벌로 남을 차별한다는 것은 너무 비겁한 행동이다.

우리 아이들 모두가 공부를 잘할 수는 없다. 또 우리 아이 모두가 자신이 원하는 회사를 들어가지도 못한다. 그러나 아이들이 그들의 적성에 맞는 일을 찾아서 할 수 있도록 부모는 도와줘야 한다. 그리고 매우 중요한 일은 아이들이 그들의 노동과 헌신에 대해 정당한 대우를 받을 수 있도록 사회 모순에도 적극적으로 참여하고 행동할 수 있도록 교육시켜야 한다. 우리 아이들이 중소기업에 다닌다고, 비정규직이라고 차별받는다면 우리는 아이들에게 더 큰 죄를 짓는 일이다.

이를 개인의 문제로 생각하는 것은 위험하다. 함께 참여하면 반드시 바꿀 수가 있다. 개인만 잘사는 재테크는 한계가 있다. 우리 국민의 저력으로 지금의 청년 실업, 양극화 문제는 사고의 전환만으로도 쉽게 해결될 수 있는 문제다. 그러나 우리는 이 모든 문제를 개인의 책임으로 돌리고 있다. 우리 모두는 정부 재정의 주체다. 나라 살림은 모두 세원의 주체인 국민이 내는 돈으로 이뤄진다. 나랏돈은 경쟁에서 지치고 낙오된 사람들을 위로하고 실질적 도움을 주는 마중물의 역할을 다해야 하는 것이며, 정부 재정지출의 의무다.

  세상을 살다보면 누구나 실패할 수 있다. 우리도 피해 갈 수 없다. 이를 개인의 책임으로 방임하는 사회는 현대 자본주의 국가가 아니다. 적어도 21세기 자본주의는 약자의 눈물을 함께 하는 따뜻한 자본주의여야 진정한 자본주의 국가라고 말할 수 있다. 사회안전망이 미흡한 나라에서 혼자만 잘살자는 생각으로 통장만 많이 만든다고 행복할 수가 없다. 우리의 재테크에서 보편적 사회복지의 실천이 중요한 이유는 함께 잘사는 재테크가 진정으로 간절한 시점이기 때문이다. 참여하고 행동하면 우리가 당면한 재테크 현안의 상당 부분을 해결할 수 있다.

당신이 속고 있는
재테크 불편한 진실 23가지

스마트 폰 시대의
경제를 말한다

당신이 속고 있는 재테크 불편한 진실 23가지

13

스마트 폰 시대의
경제를 말한다

"제임스 카메론이 제작한 3D 영화 〈아바타〉는 한국 시장 개봉 후 최단시간에 한국 영화의 흥행 스코어를 모두 갈아 치웠다. 우리는 〈워낭소리〉 같은 전형적인 아날로그 영화까지 3D디지털로 보게 될 날이 얼마 남지 않았다."

2011년 〈타임지〉의 올해의 인물에 스티브 잡스가 선정됐다. 스티브 잡스의 자서전은 우리나라에서도 출간하자마자 베스트셀러가 되었다. 스티브 잡스는 디지털 혁명의 영웅이다. 그런 그가 사후에 이런 대접을 받는 것은 당연하다. 그러나 과연 디지털 문명이 인류의 행복과 진보에 기여했느냐 하는 측면에서 평가한다면 다른 결론이 나올 수 있다.

우리는 지금 디지털 문명 시대에 살고 있다. 디지털 문명의 시대는 기술이 주도한다. 그렇다면 우리는 빛의 속도로 변하는 시대를 살고 있다고 말할 수 있다. 기술이 문명을 지배하는 디지털 시대에서는 무한대의 경쟁은 필연적으로 발생하며, 단 한 명의 인재가 10만 명을 먹여 살린다고 한다. 은연 중에 속도와 경쟁에 대한 압력을 가하는 얘기다.

삼성전자의 유능한 엔지니어 출신 부사장이 51세라는 비교적 젊은 나이에 스스로 목숨을 끊었다. 그는 10억 원의 연봉을 받는 톱클래스로 성과급만 수십억 원을 받던 인물이었다.

그런 그가 왜 스스로 목숨을 끊었을까? 그에게 보이는 세상은 한 가지였다. 그에게는 다른 인생의 가치는 보이지 않았다. 어느 날 찾아온 승진 누락은 그에게 참을 수 없는 일이었을 것이다. 그에게는 인생의 전부를 잃는 충격이었다. 그렇다고 해도 그의 자살을 아무리 객관화시켜도 타인의 눈에는 이해할 수 없는 일이다.

세상에는 개인의 성공보다 더 소중히 추구해야 할 가치가 많다. 개인의 성공은 그에 비해 하찮은 것일 수 있다. 누군가 그에게 성공과 돈보다 더 소중한 가치가 세상에 많다는 것을 말해 주었다면 그는 자살이라는 극단적 선택하지 않았을 수도 있다.

지난 10년간 IT 기술은 빛의 속도로 발전해 왔다. IT 기술은 새로운 플랫폼을 만들어 왔고 새로운 시장을 창조해 왔다. 컬러 TV에서 평면 TV, LCD, LED, 3D TV를 보기까지 10년이 걸리지 않았다. 인터넷 커뮤니티 역시 단순히 이메일 계정으로 소통하는 방식에서 안방의 PC와 애플리케이션되는 스마트 폰의 등장으로 실시간으로 소통하는 시대다.

제임스 카메론이 제작한 3D 영화 〈아바타〉는 한국 시장 개봉 후 최단시간에 한국 영화의 흥행 스코어를 모두 갈아 치웠다. 우리는 〈워낭소리〉 같은 전형적인 아날로그 영화까지 3D 디지털로 보게 될 날이 얼마 남지 않았다.

지금 우리는 미세한 잡티 하나 없는 3D 화면을 안방에서 볼 수 있다. 플랫폼이 바뀌면 시장 수요는 급증하고 그로 인해 우리의 소비는 늘게 되어 있다.

아바타를 만든 헐리우드 자본은 다른 나라의 영화 자본이 감히 넘볼 수 없을 정도로 막대한 물량을 동원해 유력한 경쟁 상대를 사전에 제거시켜 왔다.

2D 영화는 온라인 불법 복제로 수조 원의 이익금이 사라진다.

헐리우드 자본은 2D 영화로 수익을 체증시키는 것에 한계가 왔다고 판단했다. 그에 따라 새로운 수익 모델을 갈구하게 되었다. 이러한 요구로 탄생한 것이 3D 디지털 영화다. 3D 디지털 영화는 불법 복제를 막을 수 있고, 2D 영화와 비교해 고객 단가가 30% 이상 높다. 수지타산이 맞는 장사다.

3D 영화는 비록 아날로그 방식이지만 1968년에 우리나라에서도 첫 상영됐다. 현재의 3D 영화는 이를 디지털화한 것이다. 디지털 과정에서의 기술은 새로운 것이 아니다. 우리나라도 충분히 가능하다. 단지 자본의 열세로 산업화가 어려운 점이 있다.

3D 영화가 실사 영화를 대체한다고 해서 국내 영화산업의 고용이 늘지 않는다. 디지털 기술의 개발은 국내 IT 산업의 유휴 인력이면 충분하다.

애플이 아이폰에 이어 신 개념 테블릿 PC 아이패드를 출시했다. 아이패드는 사용자 관점에서 편리성이 강조된 상품이다. 기술 혁명보다는 디자인 혁명으로 표현하는 것이 적절하다. 기술적인 부분은 기존의 데스크탑보다 진화된 기술이 없다. 언 플로그라는 장점이 있기는 하다.

아이패드는 애플의 로고를 달고 시장에 나오지만 아이패드에 내장된 칩, 회로기판 등의 주요 부품은 삼성전자 같은 메카트로닉스형 IT기업이 죄다 만든다. 아이패드의 성공으로 애플의 시가총액은 사상 최고를 달성했다.

그러나 시가총액에 비해 애플의 매출액과 신규인력 고용 수준은 형편없다. 고용유발 효과가 거의 없다는 얘기다. 과연 애플의 성과가 우리에게 기여하고 있는 것이 무엇인가, 경제적으로 어려운 시대에 애플이 출시한 새로운 IT 기기를 사기 위해 우리는 불필요한 지출이 늘어나 이제 우리나라의 1인당 통신비 지출은 가계 재정에서 가장 많이 지출되는 비용 1순위가 됐다.

IT 산업 역시 자본의 자산 확대 재생산구조의 틀에서 조금도 벗어나지 못했다. 아이폰·아이패드가 애플의 대주주와 임직원에게는 막대한 이익을 안겨 주었는지 몰라도 이것 때문에 우리는 더 가난해졌다.

국민 다수가 얼리 어탭터인 대한민국 소비자는 신제품이 나오면 지갑 여는 것을 망설이지 않는다. 신제품이 우리 일상 생활에서 과연 어떤 기여를 하는지에 대한 기회비용은 생각지도 않는다.

뛰어난 인재 한 명이 10만 명을 먹여 살린다고 말한 사람은 삼성그룹 총수 이건희다. 삼성은 수많은 범재가 만든 기업이다.

삼성의 포트폴리오에서 원천 기술을 확보하고 시장의 파이를 키운 창의성 높은 제품이 있는가. 삼성의 경쟁력은 원천 기술을 로얄티를 주고 사와서 대규모 메카트로닉스형 공장을 지어 가격 우위를 확보한 다음 세계와 경쟁하는 기업이지, 창의성이 기업의 주요 전략인 기업이 아니다. 삼성에 숙련된 엔지니어들이 없었다면 오늘날의 삼성은 없다.

삼성에서 기술 혁신을 주도하고 생산성 향상에 절대적으로 기여한 이들은 학교에서 공과를 전공한 이 땅의 범재들이다. IT 산업의 리딩 그룹이라는 삼성에서 지금껏 빌 게이츠, 스티브 잡스 같은 비전너리는 존재하지 않았다.

그럼에도 삼성이 성공한 것은 충성도 강한 근로자들이 강도 높은 노동에도 군말 않고 따라 준 헌신적인 노력이 있었기에 가능했다. 이런 삼성에서 그것도 총수가 한 명의 인재가 10만 명을 먹여 살린다고 얘기하면 어려운 여건에서 땀 흘려가며 일한 직원들 힘 빠지게 하는 일이다.

WWW로 시작하는 인터넷 시대가 열리면서 세상의 젊은이들은 열광했다. 돈 없이도 창업할 수 있는 세상이 되었으니 수많은 젊은이가 컴퓨터 한 대로 이 대열에 동참했다. 아날로그 경제에서는 풀리지 않은 숙제였던 수확체감의 법칙은 깨지고, 수확체증이 발생하는 인터넷 사업, 충분히 열광할 만하지 않은가?

그러나 그 기대감이 깨지는 데 불과 얼마 걸리지 않았다. 그들은 e-마켓 플레이스라 불리는 인터넷 장터의 특성을 간과했다. 전통적인 시장은 다양한 판매 채널이 있어 소자본 회사도 나름의 시장파이를 만든다. 하지만 인터넷은 단일 시장으로 승자독식의 구조다. 결국 오프라인의 기득권을 가진 회사들이 인터넷 기반까지 갖추게 되면서 이들의 시장 독점만 더 강화됐다.

인터넷 솔루션 개발업체 중에서도 살아남은 기업이 거의 없다. 살아남은 대표적 기업도 기술적 우위를 확보하고 있는 기업이 아니다. 소위 동네 오락실에서나 하는 아케이드 게임을 인터넷으로 이동시켜 수익을 확보한 한게임, 넷마블 같은 기업이다.

현재 네이버의 사업 포트폴리오가 다양해졌다고는 하나 한게임의 매출을 무시할 수 없을 정도로 크다. 만약 네이버가 사업 초기에 아케이드 게임을 수익 모델화한 한게임과 합병하지 않았다면

네이버는 수익 모델의 한계로 드림위즈 같은 처지로 전락했을 수
도 있다.

현재 인터넷 기업 중 성공한 기업은 PC를 기반으로 하는 온
라인 게임업체이지 사회의 발전, 공동체에 기여하는 기업들이 아
니다.

젊은이들이 비교적 소자본으로 창의성 하나로 창업 전선에 뛰
어 들 수 있는 분야가 소프트 개발 사업이다. 그런데 이마저도 시
장에서 사라진 계기가 국내 이동통신을 독점하는 SKT의 비개방
성·비정상적인 수익배분 구조에 있었다. 이 구도가 아이폰의 국
내 진출로 깨진 일은 그나마 다행스러운 일이다.

기존에는 소프트 개발자에게 휴대폰을 기반으로 하는 소프트웨
어 사업은 문턱이 엄청 높았다. 수익 배분도 이동통신사에게 절대
적으로 유리한 구조다. 이런 시장에 아이폰의 앱 스토어의 등장은
시장의 판도를 바꾸는 일이었다.

지금까지 우리 경제는 대기업에 너무 많이 휘둘려왔다. 그들은
디지털 문명이라는 시대에조차 젊은이들을 희생양으로 삼았다.

작금의 신자유주의 경제 시스템은 도를 넘어서는 경쟁을 유도하여 자원을 소모시키고 환경을 파괴하고 있다. 신자유주의 경제 시스템에서 기업은 그것이 10원이라도 생산 효율이 높으면 해외로 공장 이전을 한다. 다국적 대기업의 시장가치가 상승해도 이들 공장에서 일하는 노동자는 가난해지는 구조다. 소득의 양극화 문제는 잘못된 경제 시스템에 문제가 있는 것이지 개인에게 그 책임을 물어서는 안 된다. 노동이 희망을 보장하지 않는 한 세상의 노동자는 모두 피해자다. 우리가 겨우 최신 버전의 스마트 폰에 열광하는 순간에도 이 구조는 더 악화되고 있다.

― 책 속의 책 "생각의 나무"

▌ 대한민국 지니계수의 아이러니

우리나라는 불행하게도 경제는 놀라울 정도로 성장했지만 한 나라 국민의 소득편차를 나타내는 지니계수는 더 열악해졌다.

"우리도 한번 잘살아 보자"라는 슬로건을 걸고 압축 성장을 주도 했던 시대는 박정희 독재 시대였다. 이때는 전 국민이 다 가난했지만 지니계수 역시 가장 낮았던 시기다. 그러나 1인당 국민소득이 2만 달러라는 시대에 우리나라의 지니계수는 가장 높다. 부의 양극화 수준은 걷잡을 수 없을 정도다.

왜 이런 현상이 벌어졌을까?

첫째 이유는 신자유주의 경제 시스템이 자본주의 흐름을 주도하면서 극단적인 국제화 · 분업화가 저임금 구조를 고착시켰기 때문이다. 둘째는 기술 발전이다. 기술이 빛의 속도로 진화하고 이에 따라 새로운 산업이 출현함에 따라 고급 기술 인력에 부가 집중되는 현상이 도를 넘어서고 있다. 셋째, 속도와 경쟁만 강조되는 자본주의 하에서 낙오된 미숙련 노동자, 비정규직 노동자의 소득이 급감하게 되었다.

무한대의 경쟁시대가 갑의 위치에 있는 대기업의 생산성에는 크게 기여했는지는 몰라도 계층 간 소득격차는 최악으로 몰고 갔다. 경제가 성장하면 사회 구성원 모두가 저절로 혜택이 돌아간다는 가정은 더 이상 현실성이 없다. 우리나라처럼 부자 감세를 확대해 온 나라에서는 소득격차의 폐해가 더 크다.

프랑크프르트 학파의 네오 막시스트 허버트 마르쿠제는 "경제적 불평등이 혁명을 불러온다"고 말하고 있다. 이 말은 자본주의 4.0시대라는 요즘에도 여전히 유효하다. 불평등구조가 혁명적으로 변화기 전까지는….

당신이 속고 있는
재테크 불편한 진실 23가지

GDP가 행복을
보장하지 않는다

당신이 속고 있는 재테크 불편한 진실 23가지

14

GDP가 행복을
보장하지 않는다

"GDP 성장률이라는 것은 환율 조작으로 얼마든지 높일 수 있다. GDP 성장률이 높다고 해서 경기가 나아졌다고 생각해서는 안 된다. 또 GDP가 오른다고 일자리가 늘고 모두가 잘살게 되는 것이 아니다. 소수가 부를 독점하는 자본주의에서는 소득이 급증한 계층에는 직접세를 늘리는 것이 사회정의다."

GDP로 인간의 행복을 측정하는 시대는 끝났다. 우리가 재테크를 통하여 성취하려는 것은 GDP 지수로 이뤄질 수 없는 것이다. 그럼에도 이 나라에서만은 GDP가 인간의 행복지수를 말하는 절대적 기준으로 보고 있다.

GDP지수와 행복지수는 비례하지 않는다. GDP로 생활의 질적 수준, 삶의 만족도, 부의 균형을 측정하는 것에는 한계가 있다. GDP는 일정기간 한 나라의 국민이 생산한 생산물의 최종가치를 말한다. GDP에는 시장에서 거래되지 않는 가치는 포함되지 않는다. 삶의 질을 높이는 데 매우 중요한 여가 활동, 주부의 가사노동도 포함되지 않는다.

GDP 중심의 성장 전략에 매진하다보면 경쟁에서 탈락한 약자의 눈물은 보이지 않는다. 지나친 GDP 성장 전략은 국가 자원을 고갈시키며 이산화탄소 배출량까지 크게 늘려 삶의 질을 오히려 악화시키기까지 한다. 이런 GDP 성장 전략의 대안으로 떠오른 것이 사회의 다양한 가치를 포함하는 행복지수다.

캐나다 웰빙 연구소가 개발한 웰빙지수에는 예술·문화·레크레이션·시민참여·지역사회의 생명력·시민교육·생태계의 건강성·국민건강·생활수준의 균형·여가활동 등의 항목으로 측정한다. 이 행복지수에서 우리나라는 최하위를 차지하고 있다. 그렇다고 우리 경제가 실질적으로 성장하고 있지도 않다.

OECD 국가 중에서 금융 위기 이후 경제 회복이 가장 빠르다는 우리나라가 국가별 GDP 순위는 오히려 떨어지고 있다. 이유가 무엇일까. 우리나라는 금융 위기가 찾아오면 고 환율 전략을 통해 수출을 늘리고 성장률을 높이는 정책으로 대응해 왔다.

이 정책은 실제로 가시적 성과를 가져왔다. 그런데 이 정책으로 말미암아 국부는 줄어들었다. 이유는 한 나라의 국부는 자국 통화가 아닌 세계 기축통화인 달러를 가지고 비교하지만 성장률은 자국 통화를 사용하는 데서 오는 착시 현상 때문이다.

금융 위기가 왔던 2008년도 우리나라의 GDP는 원화로 5% 늘었다. 하지만 달러 베이스로 계산하면 11.5%가 줄었다. 원 달러 평균 환율이 2007년 929원에서 2008년 1,103원으로 인상되었기 때문이다. 달러 베이스로 계산하면 이 시기에 8,000억 달러(900조 원)로 국부가 줄었다. 결과적으로 정부의 고환율 정책이 국부는 줄이고 대기업에는 막대한 이익을 안겨준 꼴이다.

GDP 성장률이라는 것은 환율 조작으로 얼마든지 높일 수 있다. GDP 성장률이 높다고 해서 경기가 나아졌다고 생각해서는 안 된다. 신자유주의 경제 시스템에서는 한국 경제가 과거처럼 고성장하는 것은 한계가 있다. 성장은 정체되는 데 반해 소득구조는 심히 왜곡되고 있는 것이 현실이다. 지금의 경제 흐름에서 어떻게 이 문제를 풀어야 하는지 머리를 맞대고 고민해야 한다.

GDP가 오른다고 일자리가 늘고 모두가 잘 살게 되는 것이 아니다. 소수가 부를 독점하는 자본주의에서는 소득이 급증한 계층에는 직접세를 늘리는 것이 사회정의다. 소득의 양극화로 소득이 급감한 서민 계층에는 사회 지원 프로그램을 확대하여 이들이 실질적으로 생활이 개선되도록 도와야 한다.

약자에 대한 사회적 지원은 결국 우리 모두를 위하는 것이다. 양극화로 사회 안전망이 위협받는 것보다 이 방법이 비용도 줄이고 효과도 크다.

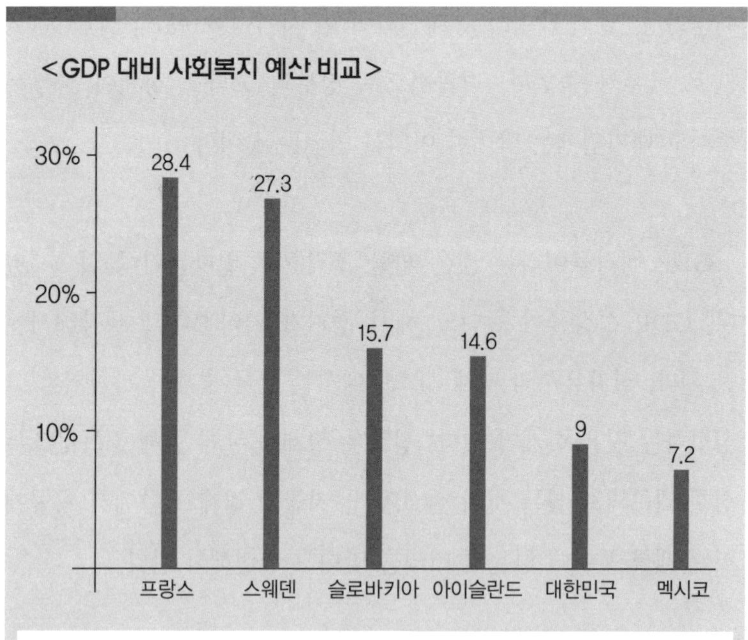

GDP 대비 우리나라 사회복지 예산은 OECD 30개 국가 중 멕시코 (7.2%)에 이어 꼴찌다. GDP 순위에서 한참 뒤처지는 슬로바키아보다 훨씬 낮다.

당신이 속고 있는
재테크 불편한 진실 23가지

부자의 점심에는
먹을 것이 없다

당신이 속고 있는 재테크 불편한 진실 23가지

15

부자의 점심에는
먹을 것이 없다

"세상에는 그들만이 아는 부자되는 특별한 비법이 없다. 그들의 투자 기술은 오히려 시장 참여자들의 평균치보다도 못하다. 투자의 기술로만 보자면 컴퓨터에 붙어 앉아서 하루 종일 데이 트레이딩하는 사람이 우위에 있다.

부자의 점심에는 공짜가 없다고 말한다. 이 말은 어느 정도 설득력을 가지고 있다. 부자들 아닌가. 부자들에게 그들의 투자 노하우를 듣는 데 공짜로 되겠는가. 그러나 실망스러운 얘기를 하지 않을 수 없다. 부자에게는 그들만이 공유하는 특별한 비법이 없다.

웨렌 버핏 같은 사람과 점심 한 끼를 함께 하는 데 수십만 달러가 든다. 그러나 그를 만난다고 달라질 것이 뭐가 있을까? 그 역시 시장을 모르기는 마찬가지다. 그 역시 시장에서는 잡식성 투자자라고 비난받고 있지를 않는가. 그가 잘하는 것은 자본의 우위를 바탕으로 주가를 부양시킬 수 있는 힘이 있다는 것뿐이다.

실제 그가 산 주식은 언론을 타고 시장의 관심을 끈다. 그가 그의 만찬에 초대한 사람에게 차기 연도의 그의 포트폴리오를 귀띔해 준다면 그 가치를 하겠지만….

우리가 만나는 일반적인 부자는 상식적으로 투자하고 자신의 커리어를 쌓는 데 투자보다 더 열성적이며 성실한 사람들이다. 부자에게 그들만이 아는 투자 비법이 있다면 그것일 것이다.

세상에는 그들만이 아는 부자되는 특별한 비법이 없다. 그들의 투자 기술은 오히려 시장 참여자들 평균치보다도 못하다. 투자의 기술로만 보자면 컴퓨터에 붙어 앉아서 하루 종일 데이 트레이딩하는 사람이 우위에 있다. 투자의 세계에서 스로를 달인이라고 하는 소위 주식 전문가에게 투자의 비법을 묻는 것이 더 나을 수 있다. 그러나 그들이 말하는 투자의 비법이라는 것도 시장의 변동성앞에서는 무용지물이다.

전문가를 자처하는 자들은 무슨 할 말이 그렇게 많아 매일 입에 단내 나도록 떠드는 것인지 이해되지는 않지만 아무튼 그들은 그렇게라도 떠들어대야 밥은 먹고 산다. 자신이 그렇게 많이 알면 전업 투자자로 나서면 되는 것이지 시황 중계나 하고 있겠는가? 그들 말대로라면 세상에 돈 잃을 사람이 없다. 그럼에도 주식으로 돈 벌었다는 사람 소리는 듣기 어렵다.

부자는 투자 기술이 부족한 사람들이다. 그런 한계가 있기 때문에 기본을 지키고 무리하지 않는다. 역설적으로 그들의 투자 비법이라는 것은 우리가 알면서도 지키지 못하는 상식을 고수하는 수준이다. 주변에서 돈 꽤나 있다는 소리를 듣는 사람의 면면을 봐라. 어디 가서 절대로 돈 자랑하지 않는다. 사는 모습도 검소하다. 그리고 자신의 일에 헌신적이다. 그런 그들이 컴퓨터 앞에 앉아 키보드 워리어가 될 일이 없다.

부자는 큰 사업하는 사람이 아니다. 젊었을 때 저자가 근무하던 논현동 지점의 알짜 고객들은 대개가 지점 부근에서 점포 운영하는 사람들이었다. 남들이 보기에는 초라한 피자집, 치킨집에 불과한지 몰라도 그들은 오랜 기간 잘되든 안되든 그 자리를 지켜 온 사람들이다.

그리고 매일 올리는 매출의 일정액을 정기적으로 꾸준하게 저축해 온 사람들이다. 이것이 쌓이고 쌓여 어느 순간에 가서 부자 소리를 듣게 된 것이지 하루아침에 부자가 된 것이 아니다.

부자되는 방법은 절제와 근면함, 끊이지 않는 저축, 이 세 가지가 기본이다. 일을 하다보면 돈이 생겨 사두었던 땅이 어느날 오르는 행운이 찾아오기도 하지만 이것은 열심히 산 것에 대한 보상이지 투기를 목적으로 투자해서는 그런 기회를 만나기가 어렵다.

투자의 기술은 없는 것이 더 낫다. 너무 많이 알다보면 지나친 자신감으로 시장의 변동성을 자신이 이길 수 있다는 만용을 부리기 쉽다. 그동안 한국 자본시장에서의 투자는 어려운 것이 아니었다. 아무것도 몰라도 됐다. 1990년대 중반까지 2금융권 정기예금 3년 만기 수익률이 50%가 넘었다. 대표적 안전 자산인 산업금융 채권도 그 정도는 됐다.

그리고 부동산 경기도 호황이 계속되어 왔다. 우리가 주요 투자 상품으로 평가하는 주식, 수익성 부동산, 채권의 20년간 투자 스코어를 비교해보라. 안전 자산인 수익성 부동산, 채권의 수익률이 압도적으로 높다. 저금리를 넘어 제로 금리라고 하는 시대에조차 소액으로 투자 가능한 주거형 오피스텔의 평균 수익률은 정기예금 세후수익률의 2배가 넘는다.

투자 어렵게 할 필요가 없다. 투자로 인생역전을 꿈꾸고 있다면 차라리 로또를 사는 편이 났다.

투자는 평생에 걸쳐서 꾸준히 하는 것이다. 부자들은 그렇게 해서 부자가 된 것이다.

머리만 있는 사람은 절대 성공할 수 없다. 시장의 변동성을 극복하는 것이 그리 호라호락하지가 않다.

주식에 올인하는 사람들을 봐라. 이 사람들은 투자의 세계에서 선수다. 시장 흐름에 대응하는 능력이 뛰어나다. 기업 정보에 대해서도 이들이 전문가다. 그러나 이들 역시 시장의 입장에서는 부처님 손 안에서 놀아나는 손오공의 신세다. 잠깐 잠깐 승리할 수는 있어도 마지막에 가서는 실패한다. 이렇게 해서 세상과의 연을 끊고 사는 사람이 많다. 투자가 한 사람의 인생을 망치는 것이다. 투자는 인생의 한 부분이지 생활까지 지배당해서는 안 된다.

우리가 부자가 될 수 없는 이유의 상당 부분은 우리에게 있다. 지속가능한 소득구조를 만들고 투자는 여유자금으로 하고, 여러 투자상품에 나눠 투자해 위험 자산 비중은 최소화하라는 매우 상식적인 말이 하찮게 여겨지는 순간 여러분은 부자의 길에서 멀어진다. 원칙 지키는 일을 무시하는 참을 수 없는 가벼운 투자가 그대들을 망치고 있다.

최근 옵션, 선물 투자자가 급증하고 사행성 복권, 게임 시장에 돈이 몰려드는 이유가 무엇 때문인가? 인내심이 없어서다. 부자 되는 과정을 즐기지 못하고 이를 고통으로만 생각해서다. 이래서는 절대 부자가 못되는 것이다. 이제부터는 부자가 되는 비법에 대한 관심을 끊어라. 그 대신 일상 생활을 열심히 살아라. 그러다 보면 기회는 반드시 온다. 세상에서 고통 없이 이룰 수 있는 것은 별로 없다.

당신이 속고 있는
재테크 불편한 진실 23가지

맞벌이 가정의 재정 설계는 달라야 하지 않겠는가

당신이 속고 있는 재테크 불편한 진실 23가지

16

맞벌이 가정의 재정 설계는 달라야 하지 않겠는가

"소득이 일정 수준 이상되는 가정의 전업 주부들은 시간의 여유를 즐기면서 아이들 교육, 재테크 두 마리 토끼를 다 잡는다. 오전 늦은 시간에 서울 교대 주변의 카페에는 아이를 학교에 보내고 느긋하게 브런치를 즐기는 주부들을 심심치 않게 볼 수 있다."

역동적인 경제 성장을 해 왔던 압축 경제 시대는 막을 내렸다. 이제는 경제 성장은 둔화되고 있고, 실질 소득이 줄어드는 감속경제 시대에 우리는 살고 있다. 실질 소득이 줄어들면서 중산층에서 서민층으로 또 서민층에서 빈곤층으로 편입되는 인구가 증가하고 있다.

소득은 감소하는 반면 아이들 교육비, 식료품비, 통신비 등은 오히려 증가하고 있다. 한마디로 말해 살기가 예전만 못해졌다. 혼자 벌어서는 잘살기는 고사하고 아이들 제대로 키우기도 어렵다.

주부들이 비정규직의 열악한 근무 환경인 곳까지 일자리를 찾아 나서는 이유가 여기에 있다. 이렇게 힘들게 나가서 돈 버는 데 이 노력들이 가정의 경제에 보탬은 되지 않고 아이들은 아이들대로 힘들고 부부관계까지 소원해진다면 너무 억울한 일이다. 그래서 맞벌이 가정일수록 재정 설계를 잘 해야 한다.

소득이 일정 수준 이상 되는 가정의 전업 주부들은 시간의 여유를 즐기면서 아이들 교육, 재테크, 두 마리 토끼를 다 잡는다. 오전 늦은 시간에 서울 교대 주변의 카페에는 아이를 학교에 보내고 느긋하게 브런치를 즐기는 주부들을 심심치 않게 볼 수 있다.

이들의 눈에는 맞벌이 주부가 한심하게 보이기까지 한다. 자신들은 일을 안 해도 아이들 더 잘 키우고 재테크 정보에도 밝아 워킹 맘(mom)들이 버는 돈보다 더 많은 돈을 번다는 자부심을 가지고 있다.

물론 일하는 이유가 꼭 돈 때문만은 아니다. 자아성취라는 인간의 기본적 욕구를 충족시키는 나름의 의미가 있다. 우리나라에서의 워킹 맘들은 가사노동에 치이고 회사에 가서도 마음 편히 일을 못하는 이중고에 시달린다. 하지만 어쩌겠는가? 이것이 위험과 기회가 교차하는 인생인 것을 억울해서라도 더 열심히 재정 설계하고 더 잘 살아야 한다. 그러기 위해서는 전략적으로 움직여야 한다. 주먹구구 식으로는 안 된다. 아래 내용은 맞벌이 가정에 도움되는 재정 설계에 관한 것이다.

첫째, 부부 한쪽의 월급은 무조건 저축한다.

부자학에서는 소득의 절반을 무조건 저축하면 시간이 문제이지 누구나 부자가 될 수 있다고 말한다. 이 미션이 현실에서 어렵다는 것을 안다. 그러나 도전해 볼 수 있는 것은 아니겠는가. 그리고 100%를 못하면 어떤가? 근사치에 최대한 접근하는 것만으로도 목표의 절반은 이룬 것이다.

인간은 무에서 유를 창조하는 무서운 잠재력의 소유자다. 다들 그런 능력이 있다. 이 능력은 위기감이 커질수록 더 발휘된다. 인간은 더 나은 삶을 살기를 원한다. 희망이 있다. 그 희망만 있어도 고통은 참아 내지 않을까? 여러분이 그런 사람이 됐으면 한다.

지금 여러분의 지난달 지출명세를 꼼꼼히 살펴봐라. 줄일 수 있는 여지가 있다. 가계부를 리모델링하기 바란다. 우선 여기서부터 시작하자. 아이들 사교육비를 줄일 수는 없는가? 불필요한 장롱

속의 통장은 없는지, 다시 한번 체크해 봐라. 아무런 경제성도 담보하지 못하면서 자산 비중만 차지하는 잘못한 투자 상품은 없는가?

가족 통신료를 줄이는 요금체계로 바꿔볼 의향은 없는가? 힘들다는 이유로 외식비 지출이 너무 많지는 않은가? 여기서도 줄일 수 있는 여지가 충분히 있다. 이렇게 가계부 리모델링이 완성되면 부부 한쪽의 월급을 무조건 저축하는 미션이 불가능한 것도 아니다.

둘째, 양질의 부채는 목표 의식을 강하게 만든다.

인간은 목표가 주어지면 자신의 베스트를 다하기 위해 젖 먹던 힘까지 쏟아낸다. 투자에서는 지렛대 효과라는 말이 있다. 낮은 곳에서 물을 퍼 올려 높은 곳에서 물을 쏟아내면 그 파괴력이 엄청 커지는 것처럼 있는 돈에 빚을 더해서 투자하면 기회 이익이 커진다는 것이 이른바 지렛대 효과다. 물론 고위험이 따르는 투자 상품에 원금보다 많은 돈을 빚내서 투자하면 망할 확률이 더 크다. 항상 문제는 욕심이다.

그러나 내가 가지고 있는 돈에 일정 비율로 빚내서 안전 자산에 투자하는 것까지 위험하다고 해서 안 할 필요는 없다. 돈 잘 버는 장동건도 이태원에 시가 120억 원의 건물을 사면서 48억 원의 빚을 졌다고 한다. 부동산 거부라는 박찬호도 일부 빚내서 투자한 청담동 건물이 2배나 뛰어 막대한 시세 차익을 얻었다. 이에 비해서 내 집 마련을 위해 일부 빚내서 투자하는 것을 두고 부도덕하다고 할 사람은 아무도 없다.

최근에는 집값 하락으로 내 집 마련해서 시세 차익을 얻기도 어렵다. 그럼에도 일부 빚을 내서라도 내 집을 마련하라는 이유는 이를 통해 재무적 목표를 확실히 하는 동기 부여가 되기 때문이다.

이렇게 해서 내 집을 마련하는 경우 재정 설계의 1순위는 빚 갚는 것이다. 이를 통해 지출의 다이어트도 자연스럽게 이루어지는 효과가 있다. 맞벌이 부부의 명목 소득은 외벌이 부부 평균보다 많다. 그런데 씀씀이가 커서 속빈 강정이 되기 쉽다. 재무적 목표가 확실하면 아무래도 예전 생활보다 더 아껴 생활하게 된다. 시간이 지나면 부채는 사라지게 될 것이고 그렇게 되면 순 자산이 늘게 된다.

셋째, 소득이 체증되는 구조를 빨리 만들어라.

당신의 소득이 100이라고 가정해보자. 이 안에서 먼저 지출 계획을 세우고, 그 범위 내에서만 지출하는 것을 실천해보자. 이렇

게 하면 연평균 지출액이 나온다. 소득에서 지출을 제외한 저축가
능 금액으로 장기적 투자 계획을 짜야 한다.

　처음은 자유적립예금 1년 만기로 투자해라. 1년 만기 후 받게
되는 원리금과 여유자금을 가지고 금액에 맞게 주거형 오피스텔
에 투자하라. 금융상품은 하지마라. 그런 다음 매월 발생하는 임
대수익으로 소액 채권, 발행어음에 투자해 자산의 확대 재생산되
는 구조를 만든다. 이 과정을 매뉴얼화해 반복해라. 이 과정에서
목돈을 은행 상품, 저축성 보험에 투자하는 바보 같은 일만 안하
면 당신은 현재의 투자 흐름에서 할 수 있는 최고의 재테크를 하
는 것이다.

　우리나라에서 맞벌이 가정의 현실적으로 큰 문제는 꼭 경제적
문제가 아니다. 부부가 같이 사회 생활을 하는 데도 우리나라 가
사 노동은 아내가 거의 전담한다. 가정에서 수평적 관계를 만들어
야 한다. 그래야 아내가 지치지 않고 상처받지 않으면서 사회 생
활을 할 수 있다. 부부는 뜻이 맞는 동지가 되어야 한다. 아내가
집 일과 회사 일에 고통받고 있는데 이를 방관하는 남자는 정말
의리가 없는 남자다. 양성 평등의 인권 문제를 논하기 이전에 말
이다.

맞벌이 가정임에도 가사노동, 아이들 육아 문제를 주부가 전담하는 현실은 매우 부당하다. 이런 현실에서 미혼 여성에게 결혼은 미친 짓으로 보일 수 있다.

맞벌이 가정의 문제는 경제적 문제보다 가사노동의 역할 분담이 제대로 작동하지 않는 것에 있다. 남성들이여, 한 여자를 사랑해서 결혼했다면 그녀의 고통을 외면하지 말아라.

그녀는 지금 당신의 도움을 간절하게 바라고 있다.

당신이 속고 있는
재테크 불편한 진실 23가지

아이들에게
경제 교육을
먼저 시켜라

당신이 속고 있는 재테크 불편한 진실 23가지

17

아이들에게 경제 교육을 먼저 시켜라

"솔직하게 고백해 보자. 세상을 살면서 정말 필요한 지식은 학과 공부가 아니라 경제 교육이였다는 것을…

경제 교육이라는 것은 경험 없이는 만들어질 수 없는 성질의 것이다. 우리가 예전에 경제 교육의 중요성을 알았다면 또 누군가 경제 교육을 시켜 주었다면 하고 후회한 적은 없는가"

압축 경제 시대에 사회 생활을 시작한 우리 세대와 청년들이 느끼는 취업 문제에 대한 체감지수에는 큰 차이가 있다. 그럼에도 이 말은 하고 싶다. 저자가 사회 생활을 하면서 가장 힘이 부쳤던 일들은 직무교육도 아니었고 인간관계 문제도 아니었다. 학교 생활 내내 단 한 번도 재정 설계에 대해 배운 적이 없어 어떻게 저축하고 어떻게 재정 관리를 해 나가야 되는지에 대한 무지(無知)였다.

이제와서 생각하는 것이지만 내 인생에서의 실패 원인 대부분은 잘못된 재정 관리에서 비롯됐다. 사회 생활 초기부터 재정 관리에 대한 지식이 있었다면 헛되이 돈과 시간을 날리는 우를 범하지 않았을 것이다. 사회 나와서 알게 된 것이지만 우리가 학교에서 배운 지식이라는 것이 사회 생활에 거의 도움이 되지 않는 박제화된 지식이었다는 사실이다.

현재는 인터넷으로 스스로 재정 관리에 공부할 수 있는 여건이 조성되어 있지만 우리 시대에는 그렇지 못했다. 인터넷 전용선이 저자 사무실에 들어 온 것이 나이 30대 후반부터다. 그런 면에서 지금은 다행스럽다. 학교가 아니더라도 재정 관리를 간접 체험하고, 배울 수 있는 공간이 생겨났으니까.

우리가 해 왔던 그대로 우리 아이들 역시 기계적으로 줄 세우는 학과 공부가 전부인 세상에 살고 있다. 아이들에게 현명한 삶을 살게 하려면 경제 교육을 먼저 시켜야 한다.

[유대인의 자녀 교육에서 해결점을 찾는다]

전통적으로 유대인 커뮤니티에서는 결혼식보다 더 성황을 이루는 것이 아이가 13세에 맞이하는 성인식이다. 이 때는 지역 내에 사는 모든 유대인들이 참여해 축하해 주고 축의금을 낸다.

축의금은 지역에 따라 다르지만 평균 7만 달러에서 10만 달러를 넘기도 한다. 부모는 이 돈으로 투자해 아이가 법적으로 성인이 되었을 때 돌려준다. 시간이 지나면서 이 돈은 계속 늘어나 아이가 성인이 되었을 때 자신의 미래를 선택하는 일에 절대적 도움이 되는 의미 있는 돈이 된다.

아이는 이 돈으로 하고 싶은 공부를 할 수도 있고, 이 돈을 종자돈 삼아 사업에 뛰어들 수도 있다. 부모는 결국 아이의 선택권을 넓혀주는 고마운 존재로 아이들에게 각인된다.

부모는 돈의 운용과정을 자녀와 상의해 결정한다. 이 과정을 통해 아이는 실물 경제의 감각을 키우고 재정 관리에 대해 이해의 폭이 넓어지게 된다. 세계의 부호 중에 유대인이 많은 이유가 이러한 유대인의 자녀 키우는 방법과 무관하지 않을 것이다.

그에 비하면 우리의 자녀 교육은 매우 획일적이며 아이 스스로 아무것도 할 수 없는 인간으로 키운다. 그리고 정작 인생을 살면서 중요한 재정 관리에 대한 교육은 받을 기회조차 없다.

이제부터라도 학과 공부도 중요하지만 경제 공부도 함께 가르쳐야 한다. 경제 교육이 교과서만 달달 외운다고 해서 되는 것이 아니다. 아이들이 직접 경험하게 하고, 이 과정을 통하여 아이들이 스스로 깨닫게 해야 한다.

(1) 용돈은 정기적으로 주고 지출을 기록하게 한다

아이들 용돈을 주면서 아이들에게 지출 내용을 기업들이 복식 부기하는 것처럼 하라고 할 수는 없다. 하지만 아이들에게 좋은 습관을 길러 준다는 교육적 목적을 가지고 지출 내용을 검증하는 것은 기대 이상의 효과를 가져다 줄 수 있다.

아이들이 재정 관리 노트를 별도로 만들 필요는 없다. 아이들이 매일 쓰는 일기장을 이용해 "금일 지출 내용" 항목을 만들어 매일 기록하게 만들면 된다. 이렇게 매일 기록한 지출 내용을 일주일 단위로 정산하고 이를 월 단위, 연 단위로 정리해 기록을 남기면 된다. 이 자료는 아이에게 재정 관리에 대한 경험치를 높이고 훗날 아이가 다 컸을 때 두고두고 도움이 된다.

아이에게 용돈 지출에 대한 재량권은 충분히 보장해주고 다만 그 결과에 스스로 책임질 수 있게 하는 것이 중요하다. 만약 정기적 용돈 이상의 지출이 있을 경우 다음 달에는 그 금액만큼 삭감하여 용돈을 지급함으로써 아이가 책임감을 갖고 재정 관리를 하도록 도와주어야 한다.

(2) 아이의 노동에 대해서는 반드시 보상해라

아이가 가정에서 사소한 일을 하더라도 경제적 보상을 확실하게 해야 한다. 이 일이 왜 중요한 일이 되는가 하면 경제적 행위란 개인의 노동과 헌신에 정당한 보상을 함으로써 시작되기 때문이다. 노동에 대한 정당한 보상의 경험은 나중에 아이들의 경제적 독립성을 키워주는 데 자양분의 역할을 한다.

(3) 경제적 보상이 없는 봉사활동을 경험하게 하라

경제학 이론대로 한다면 인간의 노동과 헌신에는 이에 합당한 경제적 보상이 있어야 한다. 그럼에도 NGO(비정부기구)의 활동가들은 경제적 보상을 바라지 않는다. 그들은 자신의 헌신과 노동행위를 통해 세상이 변화하고 사람들이 행복해 한다면 경제적 보상 이상으로 만족을 얻는다고 말을 한다.

누구를 위해 자신의 것을 나누고 봉사활동을 통해 돈 이상의 가치를 얻을 수 있다는 것을 일찍부터 경험하게 하는 것은 아이를 올곧은 인간으로 성장하는 데 큰 자산이 된다.

우리 아이들에게 봉사와 나눔의 기쁨을 일찍부터 경험하게 하는 것은 부모가 아이에게 주는 선물이라 생각하지 않는가.

속도와 경쟁이 극한으로 치닫고 있는 경제 흐름에서 아이들이 경제교육을 충분히 받고 경험치를 높여가는 일은 아이의 미래를 위해 매우 소중한 일임이 분명하다.

우리 아이들이 미래에 어떠한 처지에 놓이더라도 인간의 존엄성이 지켜지는 경제환경을 만드는 데 있어 부모가 거름의 역할을 다해야 한다.

그러나 지금 우리 부모들은 어떠한가.

사교육에 대해 엄청난 피해의식을 갖고 있으면서 자신의 아이들에게는 사교육을 강제하고 있지 않은가. 아이들을 출세시키기 위해 사교육에 집착하는 것이라면 그 가능성은 1%도 되지 않는다. 가능성이 희박한 1%의 좁은 문을 통과하기 위해 사교육에 매달리는 것이라면 기회비용 측면에서도 경제적인 행위가 아니다. 그리고 부모가 사교육에 열중하는 동안 우리 아이들의 잠재역량은 파괴되고 행복하게 살기 위해 배워야 할 것들을 정작 배울 수 없게 된다.

세상은 넓고 할 일은 많다는 말은 어느 시대에나 적용된다. 그러나 용기 없는 자는 그 선을 넘지 못한다. 저자 친구들 대부분은 소위 말하는 범생들이다. 그들이 한창 나이일 때 조직은 그들을 아주 유용하게 써 먹었다. 그러나 나이들면서 내쳐졌다. 평생을 부모 기대에 어긋나는 행동을 하지 않았고 조직에 충성하면서 살아온 친구들은 지금 무엇을 어떻게 시작해야 할지 당황하고 있다. 반면 일찍이 독립해 자수성가한 친구들은 롤러코스터같이 부침 많은 인생을 살았지만 그 과정에서 단련되고 경험이 축적되어 젊었을 때보다 더 왕성하게 사회활동을 하고 있다.

학과공부의 성적이 성공을 보장하는 시대는 지났다. 아이들에게는 선천적으로 갖고 태어나는 유전자가 있다. 연못에서 유유히 헤엄치는 오리를 보라. 오리가 연못에 있기 때문에 헤엄을 잘치는 것이 아니다. 오리는 물의 존재와 관계없이 헤엄치는 유전자를 갖고 태어났다. 사람들도 태어날 때부터 남과 다른 유전자를 갖고 태어난다. 유전자는 사람들의 재능, 기호, 사회적 반응에 대해 각기 다르다는 것을 알리는 차이지 차별의 요소가 아니다.

그럼에도 우리는 아이들이 갖고 있는 잠재역량이 무엇인지도 모른채 아이들을 1등부터 꼴찌까지 줄세우는 사교육시장에 몰아넣고 있다. 이렇게 성장한 아이들이 법관이 되고, 기업가가 되고 정치인이 된다고 해서 우리 사회에 기여하는 거름같은 존재가 될 수 있겠는가. 이 아이들 역시 자신의 기득권을 지키기 위해 철옹성을 짓고 안주할 것이다.

지금은 어느 시대보다 불안정하다. 이러한 시대 흐름에서 사교육만큼 최소비용으로 최대효과를 내는 것은 없다. 그러나 그 대상은 전체의 경우 1%도 안 된다는 것이다. 우리 아이들 대다수는 수월성 교육의 희생자로 남는다. 이런데도 우리 아이들에게 사교육을 강제할 것인가. 아이들의 미래를 위해서도 좋은 선택이 아니다. 아이들의 미래를 진정으로 위한다면 학벌주의의 직접적 이해당사자인 부모들이 나서서 이 일그러진 교육 시스템을 개척하는 데 참여하고 행동하는 데 앞장서야 한다. 그리고 우리 아이들이 행복해지기 위해서 무엇을 어떻게 교육시켜야 하는지에 대해서 깊히 성찰해야만 한다.

당신이 속고 있는
재테크 불편한 진실 23가지

금리가 투자의
모든 것을 말한다

당신이 속고 있는 재테크 불편한 진실 23가지

18

금리가 투자의
모든 것을 말한다

"금리가 투자의 거의 모든 것을 말한다는 말은 맞다. 금융상품 투자에 있어서 금리는 절대적으로 영향을 미친다. 그리고 금리의 변동에의해 부동산·주식·채권들의 투자 상품 역시 경제성이 달라지는 것만은 분명하다."

금리가 변동하면 투자 상품의 경제적 가치도 달라진다. 따라서 금리 변동에 따라서 개인의 재테크 전략은 달라져야 한다.

금리에 대해서 연령별로 느끼는 체감지수가 각기 다르다. 1990년대 중반 이전에 사회 생활을 시작한 사람들에게는 현재의 금리 수준은 상상이 되지 않은 저금리다. 금융시장이 개방되기 전인 1990년대 중반까지는 사실 재테크란 말이 필요 없었다.

안전 자산인 정기예금, 국고채, 금융채, 우량기업이 발행한 회사채에만 투자해도 3년 만기 복리 금리가 50%가 넘었다. 5년 만기의 복리 수익률은 100%였다. 이런 상황에서 고수익을 노리고 고위험 상품에 투자할 필요성이 없었다.

매월 240,000원을 3년간 적금 들면 만기 후 1,000만 원을 만들던 시대다. 적금 투자만으로 돈이 쑥쑥 늘어나니 저축할 맛이 났다. 기업이 발행하고 종금사가 중개해 판매되는 CP는 3개월의 단기 상품임에도 17%~18%의 금리를 받던 시절이었으니 지금과 비교해 상상되지 않는 고금리가 시장이었다.

이 흐름이 1990년대 말 이후 2000년 초반까지 이어졌다. 그 후부터는 우리 모두가 잘 아는대로 본격적인 저금리 시대로 진입했다. 2000년대 중반 적립식 펀드 광풍이 투자시장에 몰아쳤던 것은 적립식 상품이 경제성을 담보해서가 아니라 펀드 회사의 마케팅이 무조건 먹히는 저금리의 금융시장 환경 때문이었다.

주식시장의 대세 상승기가 시작된 것 역시 이쯤이었다. 여러분은 기억할 것이다. 2005년 말부터 시작된 대세 상승기에 시가총액 상위 우량종목이 상승을 주도했던 일을….

연기금, 기관 너나 할 것 없이 유동성이 풍부해지면서 이들 종목에 투자를 집중했다. 기관에게는 수급의 문제 때문에라도 이 종목들에 집중할 수밖에 없다. 이 시기에 주가가 박스권에서 지루하게 움직이던 현대중공업, 현대자동차, 태평양화학, 삼성전자 등의 업종 대표주 주가가 폭등했다.

그런데 이 시점에 나타난 주식시장에서의 뚜렷한 특징 중의 하나가 종목 간 주가 양극화 현상이 극명하게 갈렸다는 점이다. 업종 대표주, 시가총액 상위종목은 유가증권 상장시장, 코스닥 시장 할 것 없이 이들 기업이 주가 상승의 수혜를 독점했다. 온라인 시장에서도 교육의 메가스터디, 온라인 게임의 엔씨소프트, 포털의 네이버가 독주했다.

[주식시장에서 정말 큰 장은 금융장세다]

주식시장에서 정말 큰 장은 금융장세라고 하는데 이 말이 딱 들어맞다는 것을 증명하는 것이 이 시기의 시장흐름이었다. 2005년 말은 투자시장의 버블을 주도했던 부동산이 슬슬 힘 빠지기 시작했고, 토지 보상금으로 풀린 막대한 자금들이 주식시장으로 유입되던 시기였다.

2012년의 주식시장은 그 어느 시기보다 불확실해졌다. 미국과

이란의 충돌로 호루무즈 해협 봉쇄령에 대한 우려가 유가를 불안하게 하고 있고 유럽발 재정 위기는 여전히 진행형이다.

2012년을 정치의 계절로 말하고 있는 것처럼 총선, 대선이 맞물려 있는 해다. 또 김정일 사후 북한 체제의 불안정성이 수면으로 떠오르면서 한반도를 둘러싸고 있는 국제 정세도 매우 불안한 해이다. 이 정도 상황이면 주가를 예측한다는 것이 무의미하다. 기업의 펀더멘탈보다 외생변수에 의해서 주가가 변동될 가능성이 더 크다.

주식시장의 수급 상황이 불안정하다 보니 테마주에 쏠리는 경향도 강하다. 이를 비난할 수만은 없다. 주식 투자의 목적은 우량 종목에 투자하는 것이 아니고 어쨌든 돈을 버는 것이 목적이니까.

그러나 금리를 기본으로 해서 주식시장을 예측해보면 어느 정도는 감이 잡힐 듯도 하다. 한국은행이 여전히 기준금리를 동결하고 있고 이는 정부의 경제 운용이 물가 억제보다는 경기 부양에 무게 중심을 두고 있다고 볼 수 있다.

또 수익성 부동산에 투자할 여력이 없는 사람에게는 그나마 고수익을 노려볼만 한 것이 주식이다. 금리도 사상최저 수준이다.

향후 예상되는 복지 수요 확대로 정부는 재정의 확충을 위해 국고
채 발행물량을 늘릴 수밖에 없다. 이에 따라 정부는 재정 적자를
한푼이라도 줄이는 방법으로 국고채 발행금리를 낮출 수밖에 없
다는 것을 가정해 본다면, 금리는 더 낮아질 가능성이 크다. 어쩌
면 우리는 조만간 실질금리 제로가 아니라 표면금리 제로 금리 시
대를 맞이할 수 있다.

결론적으로 말해서 2012년의 증시가 어느 때보다 불안정한 것
은 사실이지만, 그렇다고 급격하게 주가가 무너지지는 않을 것이
라는 예측이 가능하다. 따라서 금융 위기가 불거진다고 해서 투매
에 나서지 말고 가용 가능한 현금의 일정액을 가지고 우량종목 중
심으로 포트폴리오를 끌고 가는 것이 유효한 전략으로 보인다. 왜
냐하면 앞에서 말한 것이지만 지금은 큰 테두리에서 여전히 금융
장세라고 볼 수 있기 때문이다.

[주식, 간접투자는 버리고 직접투자하는 습관을 길러야 한다]
저금리라고 해서 주식에 간접투자하지는 말기 바란다. 펀드는
개인의 약점을 파고들어 먹이만 노리는 투자시장의 하이에나 같
은 존재로 도움이 되지 않는다. 펀드 설계가 복잡하고 여러 가지
의 파생상품을 갖다 붙인 것일수록 더 위험하다.

그럼에도 간접 투자에 대한 미련을 못 버리겠다면 차라리 수수료가 제일 싸고, 시장 평균수익률을 목표로 하는 인덱스에 투자해라.

워낙 저금리이고 주식형 펀드, 변액보험의 위상이 추락하면서 그 대안으로 찾는 펀드가 부동산을 기초 자산으로 하는 부동산 펀드다. 부동산 펀드 설정금액이 계속 느는 것을 보면 아직도 정신 못 차리는 사람이 많다. 부동산 펀드가 주식 성장형, 이머징마켓 펀드와 비교해서 덜 위험하다고 생각하는 사람이 많은데 이는 잘못 생각하고 있는 것이다. 부동산 펀드, 리츠(REIT's)같은 상품은 환금성이 떨어지고 투자기간이 장기다. 그리고 무엇보다 중요한 이유는 현재 부동산 시장을 주도하는 것은 소위 한국형 스튜디오 주택이라 부르고 있는 원룸, 오피스텔, 다중주택 등이지 부동산 펀드가 주로 투자하는 빌딩, 대단지 집합주택 시장이 아니다.

주식투자에서 우량 종목을 중심으로 장기로 투자하는 것만이 능사가 아니라는 점을 잘 알고 있다. 그리고 시장에서 우량종목으로 평가하는 종목들은 이미 많이 올랐다. 그렇다고 해도 언제 정크(Junk: 쓰레기라는 뜻으로 고위험이 수반되는 주식 · 채권을 말함)로 변할지 모르는 테마주, 중소형주에 투자하는 것도 대안은 아니다.

그렇다면 우량종목 중에서 최근 실적 부진으로 주가가 떨어진 종목 중에서 미래에 수익이 개선될 가능성이 큰 종목에 투자하는 것이 안정적인 수익을 기대할 수 있는 길이다.

현재는 저금리를 넘어 실질금리 제로 시대이고 또 제로 금리를 넘어 일본처럼 국채 금리가 1%도 안 되는 표면금리 제로의 시대가 올 수도 있는 환경이다. 따라서 은행, 보험사 상품에 투자하는 것은 돈을 까먹는 일이다. 또 한 번의 투자로 모든 것을 잃을 수도 있는 주식 편입비중이 높은 엑티브 펀드 같은 고위험 상품에 풀베팅하는 것도 정도는 아니다. 무엇이 됐든 간에 중용의 자세를 견지하려는 마음을 갖기 바란다.

여러분이 몰라서 이거나 여러분의 기대 수익이 너무 커서 눈에 보이지 않을 뿐이지 지금도 정기예금 2배 이상 수익이 가능한 상품은 있다. 안정성을 담보하면서….

현재는 3천만 원 이상 여유 돈이 있는 사람은 소형 오피스텔에 투자하고 현금이 이보다 적은 사람은 우선적으로 채권 투자를 선택하기 바란다. 주식에 투자하려는 사람은 간접투자하지 말고, 우리 일상 생활과 밀접한 종목 중에서 실적 개선이 예상되는 종목을 중점 발굴해서 직접투자하는 습관을 기르기 바란다.

▮ 일상에서의 소소한 자금 관리 성공법 5계명

(1) 매월 지출 예산을 정하고 그 범위 내에서 지출하라

계획을 실천하는 것은 어렵다. 그러나 이를 한번만이라도 실천함으로써 습관화되면 얻어지는 경제적 효과는 엄청나다. 습관이 성공을 불러온다라는 말도 있지 않은가. 누구도 당신에게 하라 마라 하지 않는다. 인생은 무소의 뿔처럼 혼자서 가는 것이다.

(2) 금융상품 선택은 신중하게 하고 만기까지 유지하라

금융상품은 한번 투자하고 나면 중도에 환매하는 것이 번거롭기도 하거니와 불이익이 많다. 금융상품 중에서 적금은 수익률 이전에 만기까지 유지하는 것이 중요하다. 인내심이 필요하다. 이 자그마한 성공이 나비 효과를 가져와 여러분에게 성공을 선물할 것이다.

(3) 생활 편의품은 발품을 팔수록 좋다

소파에 누워 리모컨을 한손에 쥐고 하는 쇼핑, 클릭 한번 만으로 세상의 모든 상품을 구매할 수 있는 시대다. 편리성이야 두 말할 것이 없다. 그러나 그 편리성 때문에 우리는 많은 불필요한 비용을 지출해야만 한다.

서울에 살면서 가락동 시장, 청량리 경동시장, 용산 전자상가, 가산 디지털단지의 의류 매장을 한번 찾지 않은 당신은 너무 게으르다. 이 시장을 가서 한나절 둘러보는 것만 으로도 우리는 우리가 그놈의 편리성 때문에 얼마나 어리석은 쇼핑을 해왔고 돈을 낭비했는지를 깨닫게 될 것이다. 금융상품 쇼핑 역시 소매시장에 불과한 은행, 보험사 상품만 찾지말고 금융상품의 도매시장격인 종금사, 대형증권사에서 판매되는 금융상품 쇼핑을 즐기기를 바란다.

(4) 얼리 어댑터로 살아야 한다는 강박 괌념에서 자유로워져라

강박 관념은 현대인이 흔히 갖고 있는 질병이다. 휴대폰을 집에 놔두고 나오면 하루 종일 불안한 것도 강박 관념이다. 이제 우리는 최신 버전의 휴대폰을 사지 못하면 안절부절 못하는 지경에까지 왔다.

지구촌에서 얼리 어댑터가 가장 많이 살고 있는 나라. 이로 인해 1인당 통신비를 가장 많이 내고 있는 나라가 우리나라다.

아이폰이 국내에 상륙한 지 2년이 겨우 넘었다. 그런데도 스마트폰은 아이폰S 갤럭시2에서 최신의 LTE폰까지 그 변화의 속도가 눈부시다. 우리는 그 속도에 맞춰 최신 버전의 스마트폰을 사지 않으면 안 된다. 우리는 이미 중독자 수준에 와 있다. 그리하여 우리의 생활비 항목 중에서 통신비가 식료품 구입비용에 이어 2위를 차지하는 것이 아니겠는가.

(5) 걷는 것 이상 경제성이 큰 투자는 없다

현대인의 치명적 질병으로 평가되는 고혈압, 당뇨, 뇌경색 등 심혈관 계통의 질병은 먹는 양에 비해 운동량이 적은 데 원인이 있다.

이들 질병에 대해 의사가 내리는 처방은 거의 같다. 약물 투여 전에 몸무게를 줄일 것을 권고한다.

일주일만 걸으면 현대인의 치명적 질병의 원인이 되는 스트레스가 날라가고, 한 달을 걸으면 뱃살이 눈에 띄게 줄어든다. 65세부터 생활비에서 의료비가 차지하는 비중이 가장 많아진다. 그래서 건강을 관리하는 것 이상으로 경제성 있는 투자가 없다고 말을 하는 것이다.

당신이 속고 있는
재테크 불편한 진실 23가지

로또가
희망의 해방구가
되어서는 안 된다

당신이 속고 있는 재테크 불편한 진실 23가지

19

로또가 희망의
해방구가 되어서는 안 된다

"로또와 사행성 게임이 희망의 해방구가 되는 사회는 정상이 아니다. 그러나 우리는 그들을 탓하기 전에 그들이 왜 그런 처지로 전락했는지를 이해해야만 한다."

합법, 비합법 도박, 사행성 게임 사이트에서 실제 게임이나 도박을 해본 사람들이 1,000만 명이나 된다고 한다. 합법적으로 판매되고 있는 로또는 계속 판매액을 경신해 나가고 있다.

이 정도면 대한민국은 지금 도박, 사행성 게임에 빠져 있다고 해도 과장이 아니다. 왜 사람들이 도박, 게임에 빠져 사는 걸까? 여기에 대한 답은 명확하다. 우리 사회가 사람들에게 희망을 주지 못하기 때문이다. 전국민의 절반이 스스로를 빈곤층이라고 말하고 있는 시대에서 어찌 보면 당연한 일이다.

열심히 일해도 희망이 없는 사회는 정상이 아니다. 이런 국가의 대통령이 국격을 논하고 G20 국가라고 말한다면 이는 필시 세계인의 비웃음을 살 일이다.

가진 자를 더 가지게 하는, 또 그것을 합법화하는 도구로 전락한 경제학에서도 인간의 노력과 헌신에는 정당한 보상이 있어야 한다고 말하고 있다. 그러나 우리 현실은 어떠한가. 도저히 가난의 늪에서 빠져 나올 수 없는 사람이 전국민의 절반이다. 그러니 박정희 향수가 살아나는 것이다. 그 시절의 인권은 논하지 말자. 창피한 시대였으니까.

박정희는 독재의 상징 같은 인물이다. 그러나 그의 경제 정책은 국가 독점 자본주의, 또는 순치된 표현으로 국가주도형 사회주의 경제 모델이다.

그의 시대에 정부는 시장의 경찰이었다. 언제든 시장에 개입해서 교통정리를 다했다. 전력, 철도, 철강 등의 국가 기간 사업을 정부가 관할했다. 우리가 예전에 시중은행을 금융기관이라는 관 냄새 펄펄 나는 이름으로 불렸던 이유가 당시의 은행은 예·적금

금리, 대출 금리에 이르기까지 정부가 통제했다. 그러니 어느 은행을 가나 정기예금, 적금 금리가 똑같았다. 당연히 은행의 공적 기능이 지금과 비교하면 아주 높았다.

이 정도면 박정희 정부의 경제정책은 사회주의 경제 모델이 분명하다. 사회주의 경제에서는 국민의 소득을 국가가 조종 가능하다. 그래서 한나라의 부의 균형을 측정하는 지니계수가 그 시절에 가장 낮았다. 그런데 그의 후계 정권이라는 정부에서 개인의 소득 차가 이처럼 벌어진 것을 어떻게 설명되어야만 할까?

수도권의 생산 거점인 인천 남동공단, 시화공단, 안산공단의 생산공장에서 일하는 대부분의 노동자는 매일 12시간의 장시간 노동을 일주일 단위로 주·야 교대로 일함에도 손에 쥐는 돈이 170만 원이 넘기 어렵다. 도시 평균 가계소득의 절반을 겨우 넘는 정도다. 이렇게 생산 현장의 임금구조가 열악해진 이유는 내수 시장을 독점하는 대기업의 납품가 후려치기와 밀접한 관련이 있다. 대기업이 요구하는 납품가를 맞추기 위해 중소기업은 비정규직을 늘리고 이마저도 저임금의 외국인 노동자로 대체하고 있다. 이렇게 왜곡된 임금의 착취구조 개혁 없이 가난의 문제를 개인에게 묻지 않을 수 없는 것이다. 노동을 통해서 희망을 상실하는 사람의 수가 계속 늘어난다는 것은 한국 자본주의의 비극이 아닐 수 없다.

젊은이들은 힘든 일을 기피하는 것이 아니고, 노동을 해도 희망이 보이지 않는 세상에 절망하고 있는 것이다.

로또와 사행성 게임이 희망의 해방구가 되는 사회는 정상이 아니다. 그러나 우리는 그들을 탓하기 전에 그들이 왜 그런 처지로 전락했는지를 이해해야만 한다.

아무리 노동을 해도 희망이 보이지 않는 사회, 만약 노동을 통해 희망을 만들어 갈 수 있다면 그 누가 쉽게 사행성 도박에 빠져들겠는가? 노동을 통해 정당한 보상이 주어지고 노동이 희망의 도구가 될 수 있음에도 사행성 도박에 빠지는 이들은 분명히 비난받아야 한다. 그러나 우리 사회에는 매우 절박한 처지에서 아무것도 선택하지 못하는 사람이 크게 늘고 있다.

저자가 사회 초년생 시절에 받던 급여와 비교해도 지금 비정규직이 받는 임금은 터무니없이 적다. 현대자동차 아들은 글로비스라는 비상장 계열기업을 상장시켜 얻은 자본 이득만 1조 원이 넘는다. 이 돈은 불법은 아닐지라도 우리 사회의 잉여 가치를 독식한 것이다.

우리의 사고 전환이 시급하다. 왜 덴마크라는 나라에서는 사무직 노동자보다 사무실을 청소하는 분들이 더 많은 시간당 임금을 받는지 궁금하지 않는가? 그들에게는 사회적으로 남들이 꺼리고 힘들 일에는 국가가 보호한다는 사회 연대의 가치가 살아 숨쉬기에 가능한 일이다.

덴마크가 바보들의 국가가 아니다. 이렇게 하는 것이 국가 통합을 이루고, 사회 비용을 줄이는 매우 효과적인 선택임을 그들은 잘 알고 있다.

재테크를 개인의 부에만 초점을 맞추는 것에 거부감이 크다. 어떻게 나만 잘 먹고 잘 살면 행복하다는 얘기가 어디서 시작됐는지 모르겠다. 재테크 책들 죄다 무엇이 우리 모두를 행복하게 하는 재테크인가에는 무관심하다. 지극히 개인의 탐욕을 자극시키는 관점에서만 쓰여져 있다.

이러니 말도 안 되는 소리가 판치는 것이다. 4개의 통장을 만들어서 뭐 할건데, 그게 개인의 소중한 잉여 가치를 금융회사에 갖다 바치는 일이라는 것을 모른다면 바보라는 말을 들어도 어쩔 수 없다.

그리고 솔직해야 한다. 자신도 어떻게 투자해야 할지를 모르면

서 전문가라고 스스로 포장해 개인을 대상으로 이익을 취하려고
해서는 안 된다.

금융회사는 개인의 적인데 금융회사를 위해 개인을 재물로 삼
는 짓은 하지 말아야 한다. 그짓거리 안하면 먹고 못사나. 가뜩이
나 어려운 시대에 그래도 경제를 안다는 사람이 할 짓이 아니다.

우리가 자신이 선 자리에서 정의를 세우면 세상은 변한다. 그래
야 우리 젊은이들이 로또에서 사행성 게임에서 희망의 해방구를
찾지 않는 세상이 오지 않겠는가?

당신이 속고 있는
재테크 불편한 진실 23가지

펀드!
피할 수 없다면
제대로 알고나 하자

당신이 속고 있는 재테크 불편한 진실 23가지

펀드! 피할 수 없다면
제대로 알고나 하자

"펀드에 투자하든 투자하지 않든 여러분의 자유다. 그러나 투자한다면 제대로 알고나 투자하자. 그래야 펀드 투자의 실패를 최소화시키고 수익을 늘릴 수 있다. 그러나 이 말만은 꼭 기억하기 바란다. 펀드는 자본이 만든 이 세상 모든 상품 중에서 가장 불공정한 상품이라는 사실을…"

펀드는 자본주의 역사 이래로 인간이 만든 가장 불공정한 상품이다. 펀드는 금융회사에게만 일방적으로 유리하게 설계된 상품이다. 이런 불공정한 상품에는 투자를 하지 않는 것이 가장 좋은 방법이다. 그러나 펀드에 투자 니즈(needs)가 있는 사람들에게 무조건 펀드에 투자하지 말라고 말하는 것도 예의는 아니다.

펀드에 투자하든 투자하지 않든 여러분의 자유다. 하지만 투자한다면 제대로 알고나 투자하자. 그래야 펀드 투자의 실패를 최소화시키고 수익을 늘릴 수 있다.

2011년 한국 증시는 11월 30일을 기준으로 코스피 지수가 마이너스 6.92%를 기록했다. 코스닥 지수도 마이너스 3.92%로 마이너스 수익률을 기록했다. 국내 주식형 펀드는 이보다 디 못한 마이너스 8.10% 수익률을 기록했다.

주식형 펀드에 수수료를 내고 투자했는데 코스피 지수보다도 낮은 수익률을 기록했음을 알 수 있다. 마이너스 수익률에 펀드 수수료를 더 하면 대략 주식형 펀드 투자로 마이너스 10% 이상의 수익률을 기록한 것이나 다름없다. 주식형보다 투자 위험이 낮은 채권형 펀드의 수익률이 3.62%다. 이 정도라면 굳이 안전 자산인 채권에 간접 투자할 필요가 없다.

투자적격 채권인 BBB⁻등급의 회사채에 직접투자만 했어도 은행 수익률로 따져서 7% 이상은 보장받는다. 펀드 상품 중에서 대표적인 상품이 주식형 펀드다. 2011년에 주식형펀드에 투자한 사람은 돈은 벌지는 못하고 손해만 봤다. 반면 그 손실을 투자자와 공유하지 않은 펀드 회사는 돈을 벌었다. 양심이 있다면 적어도 시장 수익률 이하의 실적을 낸 펀드는 수수료를 투자자에게 돌려줘야 마땅하다.

여러분이 펀드 투자로 한 일이라고는 펀드 회사 임직원, 대주주들을 여러분의 돈으로 잘 먹고 잘 살게 해줬다는 것뿐이다. 이것도 사회적 기부라고 할 수 있을까? 어쨌든 자신의 잉여 가치를 남에게 나눠줌으로써 어느 누구는 잘 살게 해줬다. 참으로 공익적 행위(?)라 아니할 수 없다.

[인덱스 펀드가 액티브 펀드보다 낫다고 말하는 이유는]

투자의 달인 워렌 버핏은 펀드 투자를 미련한 짓으로 규정하고 있다. 그리고 펀드에 투자하려거든 지수형 펀드인 인덱스에 투자하라고 권고하고 있다. 무엇 때문에…. 궁금하지 않는가? 우리가 생각하는 똑같은 이유에서다. 인덱스 펀드는 수수료가 싸고, 펀드 매니저의 간섭을 최소화시키는 지수 연동형이기 때문이다.

인덱스 펀드는 미국의 초대형 펀드회사인 뱅가드(vanguard)에서 최초로 만들어졌다. 뱅가드가 S&P지수와 연동시켜 시장 수익률을 목표로 하는 최초의 인덱스형 펀드를 시장에 내놓았을 때 시장의 반응은 냉담했다. 주식 투자자 대부분이 시장 수익률 이상을 목표로 고위험을 감수하고 투자하는 것이 주식투자자의 속성이다. 그런데 시장 수익률을 목표로 하는 인덱스형 펀드가 성에 찰리가 없다.

하지만 1975년에 뱅가드가 관리하는 자산 총액은 1,100만 달러에서 900억 달러로 급증해 소위 메가 펀드 회사가 된다.

초기의 냉담했던 반응은 수익률이 호전되면서 바뀌게 되었다. 결과적으로 시장 수익률을 목표로 했던 인덱스가 다른 주식 성장형보다 더 높은 수익률을 기록했던 것이다.

인덱스 펀드에 편입되는 종목은 80개에서 120개 정도다. 시가총액 중심으로 종목이 구성된다. 이 종목 중에서 경영 성과가 두드러진 기업 비중이 상대적으로 높다. 이에 따라 고평가된 주식 비중이 높아지고 저평가된 주식은 비중은 줄게 된다.

인덱스 펀드 내에서도 기업의 내재가치를 중시하는 펀드는 편입된 종목의 매출과 수익, 이익, 배당 등을 기초로 해서 종목 간 비중을 달리 한다. 이렇게 투자 종목을 구성하면 시가총액 중심에서 벗어나기 때문에 규모가 적은 기업의 편입 비중이 높아져 시장의 주가 흐름을 반영할 수 있게 된다.

시가총액, 펀더멘탈을 배제하고 종목 간 동일한 비중으로 시장 평균 종목 구성을 하는 인덱스 펀드는 지수에 포함된 모든 종목이 똑같은 비율로 편입된다.

인덱스 펀드는 연동되는 지수에 따라 시장에 대응하는 방법과 결과에 차이가 있다. 따라서 인덱스 펀드라고 해서 다 똑같은 것이 아니라는 것을 알아야 하며, 시장 흐름에 자신의 투자 성향에 맞게 상품을 선택해야 한다.

[주식처럼 사고 파는 ETF]

ETF는 주식 시장에 상장된 인덱스 펀드를 주식처럼 사고 팔 수 있는 펀드다. ETF를 상장지수 펀드라고 하는 이유도 여기에 있다. ETF의 투자 장점 중에는 주식처럼 거래되기 때문에 수수료가 싸다는 점이다. ETF는 상장된 인덱스 펀드를 사고 팔아 거래가 편리하다는 점을 빼고, 일반종목에 직접 투자하는 것과 비교해 투자 이점이 있다고는 말하기 어렵다.

일반종목에 투자하면 다양한 종목에 투자할 수 있는데 굳이 펀드를 주식시장에서 사고 팔 이유가 없다.

ETF는 2002년도에 도입됐다. 그동안은 시장에서 별 주목 받지 못하다가 2011년 하반기부터 급부상한 상품이다. 이유는 유로존 국가들의 재정 위기가 계속되는 등 경제의 변동성이 커짐에 따라 국내 주식시장 역시 이에 크게 영향받아 변동성이 커진 탓이다.

국내 중시에 상장된 ETF의 시가총액은 10조 원을 넘고 있다.

코스피 시가총액의 1%를 차지한다. 일평균 거래액은 1조 원을 넘어 코스피 전체 거래액의 15%를 차지할 정도로 커졌다.

그만큼 ETF가 코스피 시장에서의 위상이 강화됐다는 것을 알 수 있다.

ETF 중 시장에서 관심이 집중되어 있는 것이 인버스 ETF, 레버리지 ETF이다. 인버스 ETF는 거꾸로 하는 인덱스로 보면 된다. 즉 코스피 200지수가 하락하면 수익이 나고, 그 반대의 경우는 수익이 떨어진다.

레버리지 ETF는 코스피 200지수의 등락폭이 커질수록 고수익이 나는 펀드다. ETF 시장에서 이 두 가지 유형이 차지하는 비중이 각 각 40%로 합하면 80%로 거의 ETF 시장을 독점하고 있다.

이 두 가지 유형의 ETF는 개별 기업을 분석하거나 주가 전망을 할 필요 없어 쉽게 투자할 수 있다. 레베리지 ETF가 시장평균 이상의 수익을 원하는 공격적 투자자에게 적합하다면 인버스 ETF는 우량종목 중심으로 투자하는 사람이 주가 하락에 따르는 위험 회피용으로 활용하면 좋은 점이 있다.

레버리지 ETF의 경우 시장 수익률의 2배 이상 되는 수익을 올릴 수도 있지만 그만큼의 위험도 동시에 갖고 있는 고위험 투자라고 할 수 있다. 우리가 인덱스에 투자하는 이유는 다른 것이 없다. 액티브 펀드보다 덜 위험하고 수수료도 싸기 때문이지 다른 이유가 있겠는가?

펀드는 상품 설계가 복잡한 상품일수록 위험이 높다.

자산운용사가 펀드 상품을 설계할 때 파생금융을 많이 활용하는 이유는 그렇게 해야만 투자자가 모르는 사이에 버블을 키워 자신들의 잇속을 채우기 위함이지 투자자를 위한 일은 아니다.

ETF 투자는 자칫 웩 더 독(wag the dog) 효과의 늪에 빠질 수 있다. 웩 더 독 효과란 개의 꼬리가 몸통을 흔드는 것을 비유해 ETF 시장이 커지면 폭락장에서 주가 하락을 더 부추길 수 있는 것을 말한다. 자산운용사들은 대부분 ETF의 수익률을 달성하기 위해 해당 지수를 구성하는 개별 종목들을 매수한다. 즉 코스피 200지수에 연동되는 ETF가 지수에 편입되는 200여 개의 종목을 매수한다는 뜻이다.

따라서 자산운용사는 투자자들이 ETF를 사면 편입된 종목을 사야하고 반대의 경우에는 똑같이 팔아야 된다. 이 과정에서 폭락장이 와서 ETF매도가 쏟아지게 되면 자산운용사들이 보유 종목을 내다 팔게 되고, 이 때문에 주식 가격의 하락이 더 가속화되는 것이다. 이른바 개의 꼬리가 몸통을 흔드는 웩 더 독 현상에 의한 효과가 나타나게 된다.

[펀드 투자하려면 직접 사라]

펀드의 유통과정은 소위 자산운용사라 부르는 펀드사가 펀드의 설계와 운용을 책임지고 증권사, 은행, 보험사가 판매한다. 유통단계가 복잡할수록 가격이 오르는 것과 마찬가지로 펀드 역시 자산운용사에서 직접 사면 수수료가 싸다. 위탁 판매회사에서 사면 아무래도 수수료가 올라간다.

증권시장 내에서 펀드의 위기라는 말이 회자되고 있다.

한국 투자자 보호재단이 매년 실시하고 있는 고객 설문 조사 결과에 따르면 현재 펀드에 가입하고 있지 않지만 앞으로 펀드에 투자할 의향이 있다고 말한 사람이 2년 전 77.7%에서 현재 34%로 떨어져 있다. 펀드에 투자하지 않는 이유도 과거에는 돈이 없어서라고 답한 사람이 많았으나 최근에는 원금 손실에 대한 두려움 때문이라고 말한 사람이 많다. 이런 와중에 자산운용사를 통해 펀드에 직접 투자하는 길이 열린 것은 다행이다. 그나마 수수료라도 줄일 수 있게 됐으니까.

[펀드 직접판매 VS 간접판매 방식의 비교]

구 분	직접 판매	간접판매
운용주체	자산운용사	자산운용사
판매주체	자산운용사	증권사, 은행, 보험사
장 점	운용사 투자 철학 직접 전달	많은 유통망으로 거래 편리 종합 관리 서비스 제공
단 점	수수료가 낮은 대신 투자 불편 초래	정확한 투자 철학의 전달 어려움
		불완전 판매 가능성이 크고 수수료가 높다

TIP

ETF란 무엇인가?

ETF는 exchange traded fund의 약어다. ETF는 거래소에 상장돼 주식처럼 거래되는 펀드라고 말할 수 있다. 주로 코스피 200, KRX 100 등과 같은 특정 지수의 수익률에 연동되는 인덱스(지수) 펀드가 대부분이다. ETF는 분산 효과가 크고 운용 수수료가 저렴하다. 일반 주식과 달리 거래세가 없고 수시로 사고 팔 수 있어 일반 인덱스 펀드에 가입하는 것보다 투자하기에 편리하다고 할 수 있다.

[적립식 펀드의 분할매수 효과는 허당!]

적립식 펀드는 매월 일정액으로 주식을 저축하듯이 사는 적립식 펀드만 있는 것은 아니다. 목돈을 일시에 예치하는 거치식도

있다. 적립식 펀드(정액형)는 매월 일정금액을 저축하듯이 투자함
으로써 소위 말하는 분할 매수 효과가 발생한다고 말하고 있다.

이것이 적립식 펀드가 타 펀드에 비해 수수료가 상대적으로 높
음에도 수요가 큰 이유다. 분할 매수 효과로 인해 주가가 높을 때
는 적은 수의 주식을 사지만, 주가가 떨어지는 장에서는 상대적으
로 많은 주식을 사는 효과가 발생하기 때문에 주식의 평균 매입
단가를 낮출 수가 있다는 것이다.

그러나 이 말들이 현실에서는 잘 안 먹히는 이유가 주가가 일정
한 사이클 내에서 움직여야만 이 논리가 가능할 수 있는데, 침체
장이 길어지거나 폭락장이라도 맞는 날에는 주가 하락은 사이클
에서 한참 이탈한다. 이렇게 주가가 폭락한 장에서 주식을 싸게
매입한다고 주식의 평균 매입단가가 낮아진다는 말은 논리적이지
못하다.

적금상품이 금리가 낮다는 것을 모르지 않는다. 그럼에도 쌈지
돈으로 종자돈 만드는 데 있어 적금상품을 선택하는 이유는 적금
의 특성상 원금의 보장만은 확실하기 때문이다. 반면, 적립식 펀
드는 전형적인 하이 리스크 투자상품인 주식 성장형 펀드의 다른
버전일 뿐으로 적금이 아니다. 따라서 적립식 펀드는 언제든지 원

금 손실의 가능성을 갖고 있는 주식형 펀드로 적금상품이 아니다.

적립식 펀드에 투자할 바에야 직접 투자하는 것이 낫다. 매월 일정금액으로 주식을 직접 사면 되지 뭐하러 높은 수수료 내가면서 적립식 펀드에 간접투자하는가. 자산운용사의 포트폴리오에 편입된 종목은 뻔하다. 시가총액 상위 우량종목이다. 우리가 그 종목을 직접 사는 것과 자산운용사가 사는 것과 뭐가 다른지 그 이유를 아는 사람은 설명해봐라.

[채권형 펀드는 직접 투자보다 위험하다]

채권은 대표적인 안전 자산이다. 증권 시장 내에서 거래되는 국고채, 금융채는 물론이고 기업이 발행하는 채권도 투자등급이 일정 수준 이상 되는 회사채이기 때문이다. 안정성을 중시하는 사람은 국고채, 금융채에 비중을 높게 두고 투자하면 되고, 수익성을 중요하게 생각하는 사람은 BBB⁻에서 AA 등급의 회사채에 중점적으로 투자하면 된다. 어떤 경우라도 직접 투자의 경우 최소한 은행 정기예금 금리 이상의 수익률은 보장된다.

채권을 투자하는 방법은 직접투자하는 방법 이외에 채권형 펀드에 간접투자하는 방법이 있다. 간접투자의 경우 직접투자보다 더 위험이 크다. 왜냐하면 채권형 펀드는 채권 시가평가제가 적용되기 때문에 매일 매일의 채권 값 변동에 따른 수익률이 펀드에 반영되기 때문이다. 반면 직접투자의 경우 중간에 되팔지 않는다면 발행금리를 만기까지 보장받는다.

펀드 상품은 그 유형으로만 볼 때 스펙트럼이 넓어 보인다. 하지만 펀드 상품은 적든 많든 반드시 수수료를 내야 하고, 직접투자보다도 시장평균 수익률을 넘지 못한다. 환매도 번거롭다. 이런 상품이 존재하는 것은 전적으로 금융회사만을 위한 것이다. 펀드 투자는 스스로 자본이 만든 투자의 프레임에 갇히는 꼴이다. 투자 상품을 폭넓게 보지 못하는 우를 범하기에 십상이다.

펀드에 대한 환상이 이제는 많이 깨진 것이 확실하지만 그래도 아직 신규 투자자 행렬은 계속되고 있다.

개인의 재테크가 돈 잃고 외양간 고치는 식이 반복되는 이유의 상당 부분이 잘못된 펀드 투자에 있었다는 사실을 알아야 된다.

당신이 속고 있는
재테크 불편한 진실 23가지

가난한 자를
더 가난하게 하는
예금시장에서의
부익부 빈익빈

당신이 속고 있는 재테크 불편한 진실 23가지

21

가난한 자를 더 가난하게 하는 예금시장에서의 부익부 빈익빈

"가난한 자는 더 가난해지는 예금시장에서의 부익부 빈익빈 현상이 현실화되었다. 이는 소액 예금자의 이자를 슈퍼치리(superrich)에게 몰아주는 것으로 파렴치하기까지 하다."

금리는 네고(Nego)할 수 있다. 금리 자유화 시대에 금리 가이드라인은 정해진 것이 없다. 그러나 소액 예금자에게는 해당되지 않는 먼 나라 얘기다. 이런 식으로 예금을 한다면 어떨까? 인터넷에서 투자자를 모아서 투자금을 늘린 다음 금융회사와 네고해 금리를 더 받는 방법이다. 이론적으로는 가능하다. 현재 금융회사들 간에는 기관 예금을 유치하기 위해 금리 경매까지 하고 있다.

금융회사는 예금시장의 수퍼리치(superrich)인 대기업, 정부기관, 연기금 돈을 유치하기 위해 경매라는 형식으로 금리 입찰을 한다. 이렇게 입찰 과정을 통해 유치되는 예금은 일반인을 대상으로 판매하는 예금금리보다 1% 이상이 높다.

농협중앙회는 대구시 교육금고의 운영권을 대구은행, 하나은행과의 입찰 경쟁을 통해 유치했다. 그 규모가 3년간 2조 3천억 원이다. 적용되는 금리는 4% 후반대로 시중은행 평균 예금금리 3.76%(2011년 10월 기준)보다 1%가 높다. 100억 원을 기준으로 1년으로 따져서 이자로 1억 원을 더 받는다. 1,000억이면 10억 원이 되고, 1조 원이면 100억 원, 2조 3천억 원이면 230억 원이다.

이를 3년간 복리로 계산하면 총 700억 원 이상의 이자를 더 받는 것이다. 금융권에서의 금리 입찰은 관행적으로 이뤄지고 있다. 이렇게 하는 것이 수만 명에 이르는 소액 예금고객을 관리하는 것이 금융회사 입장에서는 경제적이다.

앞서 예를 든 대구시 교육금고의 2조 3천억 원은 삼성전자의 예금가능 금액 20조에 비하면 약과다. 현대자동차(30조 원), SKT, KT, 포스코 등의 대기업들의 예금가능 금액까지 합하면 천문학적인 숫자다.

지금 저자는 이 어마어마한 시장에서 어느 금융회사가 예금을 유치했느냐의 문제에는 관심이 없다. 이들에게 더 나가는 이자는 결국 소액 예금자에게 줄 몫에서 나가는 것이다. 예금시장에서 조차도 부자는 더 부자가 되고, 가난한 자는 더 가난해지는 부익부 빈익빈 현상이 현실화되었다.

이는 소액 예금자의 이자를 슈퍼리치에게 몰아주는 짓거리로 파렴치하다. 사실, 이렇게 금융회사가 입찰을 통해 덧 금리를 미끼로 예금을 유치하는 것은 불법이다.

현재 우리나라에서 자산 10억 원이 넘는 고소득자의 소득 증가율은 OECD국가의 평균을 훨씬 앞지르고 있다. 서민은 실질금리 제로 시대를 걱정해야 하는 흐름에서 금리 흐름에 관계없이 고소득자의 소득이 증가하는 것에는 이유가 있다.

그것 중에 하나가 예금금리의 역차별 문제다. 우리나라 국민의 45.3%는 스스로를 하류층이라고 말하고 있다. 1988년에는 이 조사 결과가 36.9%였다. 그만큼 소득구조의 양극화가 심해진 것이다.

국내에서 수조 원 이상을 예금하는 소위 슈퍼리치는 삼성, 현대

자동차 등의 대기업이다. 공공기관과 재벌기업들이 금리 입찰로 일반 고객의 이자를 빼앗는 행위는 묵과할 수가 없다. 이를 두고 언제나 그렇듯이 시장 경제에서는 당연한 일이라고 말한다는 것은 사회적 책임이 있는 기업, 공공기관이 입에 담아서는 안 되는 말이다.

200년 이상의 자본주의 역사에서 혁명은 대개 경제적 문제가 단초가 되었다. 이것을 잘 아는 영리한 독재자들은 민생을 챙기는 데 주력했다. 19세기 철권 정치를 했던 독일의 비스마르크 치하에서 보편적 사회복지의 시초라고 하는 근로자 재해 보장법이 만들어진 이유가 무엇 때문이겠는가? 사회적 약자의 분노를 잠재우지 못하면 권력이 온전치 못 할 것이라는 위기감 때문이다.

우리나라가 세계에 내세울 만한 복지정책이 전 국민을 대상으로 건강보험을 실시하고 있는 것이다.

건강보험의 시초는 1977년 유신독재 시절 근로자 산업재해 보험법이다. 독재정권 아래서 이런 진보적 정책이 나왔다는 것은 아이러니한 일이다. 그만큼 빈부의 격차는 독재 정권에게 치명적 위협이 된다는 것을 반증하고 있다.

박정희를 단순한 독재자로만 평가해서는 안 되는 이유가 그의 시대에는 모두 못 살았지만 빈부의 격차가 가장 적었다는 점이다. 교통·철도·전기·수도 요금 등 서민 생활과 밀접한 공공요금이 상대적으로 낮았다. 박정희 시대는 정치적으로 인권을 무자비하게 탄압하는 독재정권의 시대였지만, 경제적으로는 국가가 시장을 강력하게 통제하는 사회주의 경제였다. 반면 가장 진보적인 정권 아래서 시장을 방임하는 신자유주의를 경제 모델을 적극적으로 받아들였다는 것이 한국 정치의 비극이다.

박정희 신드롬이 생각 없는 꼰대들의 향수라고 폄하해서는 안 되는 이유 역시 여기에 있다.

지금 사회적 약자들의 아우성이 우리 사회를 이렇게까지 뒤흔든 적이 없을 정도로 사회적 약자의 분노가 극에 달해 있다.

젊은 엄마들은 일과 육아를 병행하면서 가사 노동을 전담하는 이중고의 고통 상태에 놓여져 있고, 청년들은 경제가 성장함에도 제대로 된 일자리를 잡기가 어렵다.

베이비 붐 세대의 본격적인 은퇴를 눈앞에 둔 시점이지만 그들을 위한 노후 대책은 아무것도 없다. 이러한 경제상황에서 진보를 내세우는 정파의 활동 공간은 당연히 넓어져야 한다.

그러나 통합진보당은 이 기회를 활용하지 못하고 있다. 왜 그런가? 그들은 자신의 정파만을 위해 자신들이 바라보고 싶은 정치를 해 왔기 때문이다.

보수정당임에도 민주통합당은 스스로의 정체성을 중산층, 서민을 대표한다고 말한다. 그러나 그들이 집권한다고 해서 무엇이 크게 달라지겠는가?

우리 사회의 근본적 문제는 개혁에 앞장서야 할 정치가 사회 발전의 걸림돌이 되고 있는 점이다.

우리는 한 명의 위대한 정치가 세상을 얼마나 바꾸는지를 간접적으로 경험해 왔다. 미혼모로 칠레 최초의 여성 대통령이 된 칠레의 전 대통령 마첼리트는 세계화에 유연하게 대처하면서도 칠레의 미혼모, 일하는 여성들의 복지 수준을 획기적으로 개선시켰다, 그는 신자유경제 시스템을 자국에 유리하게 이끌어 원자재 파동시기에 200억 달러의 기금을 조성해 사회적 약자에 대한 복지에 썼다.

말이 아니고 행동으로 그녀는 진정성을 보여줬다.

우리의 재테크가 정치와 무관하지 않고 우리가 정치에 관심 가져야 하는 것도 정치가 개인의 행복을 위해 많은 부분의 결정권을 갖고 있음을 부정할 수 없기 때문이다.

당신이 속고 있는
재테크 불편한 진실 23가지

확정금리 예금
이제 증권사에
가서 하라

당신이 속고 있는 재테크 불편한 진실 23가지

22

확정금리 예금
이제 증권사에 가서 하라

"증권사는 이미 투자은행으로 변신했다. 이제 확정 금리, 고금리 상품도 증권사에서 쇼핑하는 시대가 왔다. 금융상품의 쇼핑공간이라는 면에서 은행·보험사는 소매시장이라고 한다면 증권사는 도매시장이다. 일반상품처럼 금융상품도 도매시장을 이용하면 다양한 구색의 고수익 상품을 쇼핑할 수 있는 기회가 상대적으로 많다."

이제 더 이상 증권사는 주식 거래를 위탁 중개만 하는 곳이 아니다. 다양한 금융상품에 투자할 수 있는 투자 은행이다. 취급하는 상품의 범위도 계속 넓어지고 있다. 우리는 확정금리 상품하면 머리 속에 단단히 자리잡고 있는 것이 정기예금 하나뿐이었다 그러니 선택의 여지없이 금리가 낮든 높든 간에 줄기차게 이 한 가지 상품에만 투자해 왔다. 이 시장은 은행권이 독점하고 있다.

그러나 이제는 그런 시대는 끝났다. 종금사뿐 아니라 증권사에

● 은행예금보다 수익 높은 확정금리 상품들

(1년 만기, 2011년 12월 25일 기준)

회사명	상품명	금리	최저 가입금액
금호종금	정기예금식 발행어음	연 5%	100만 원
메리츠 종금증권	더세이프 발행어음	연 4.8%	100만 원
대우증권	산금채 통장	연 4.27%	100만 원
대신증권	꼬박꼬박 월적립형 서비스	연 5.5%	10만 원 이상 투자가능
한화증권	모아모아 수퍼 적립식 RP	연 4.7%	10만 원 이상 투자 가능

서도 고금리, 확정금리 상품이 많아졌다. 위의 도표를 봐주기 바란다.

도표에 나오는 금융상품은 종금사 상품인 발행어음, 산금채 등 목돈으로 투자하는 상품과 적립식 RP 상품이다. 앞에 장에서 말한대로 발행어음, 산금채(정부투자기관인 산업은행(KDB)이 발행하는 금융채권으로 사실살 예금자 보호가 되는 상품)는 예금 보호 상품이다. 적립식 RP는 RP가 기초자산이 되기 때문에 예금자 보호 대상 상품이 아니다. 그러나 우량회사채를 기초자산으로 하기 때문에 안정성에는 큰 문제는 없다.

발행어음은 1년 이상 투자하는 경우 정기예금의 단리식처럼 매월 이자를 지급받을 수도 있다. 산금채는 정부투자은행인 산업은행이 발행한다. 산금채(산업금융채권)는 대표적인 안전자산으로 투자기간이 1년에서 5년까지 선택이 가능하고, 이자를 지급받는 방법도 할인식, 복리식과 정기예금처럼 일정기간마다 이자를 받을 수 있는 이표채가 있다.

종금사, 증권사의 대표 상품은 고수익 채권상품이다. 채권은 어려운 상품이 아니다. 개인이 남에게 돈을 빌릴 때 차용증서를 쓰는 것처럼 채권은 개인 간의 금전거래 시 사용되는 차용증서와 같은 것이다. 다른 점이 있다면 발행하는 주체가 국가기관, 일정 등급 이상의 신용등급을 가진 금융회사 또는 기업이라는 것이 다르

발행어음: 종금사가 자체 발행하는 어음으로 예금자 보호상품이고 1년 이상 투자시 정기예금 단리식처럼 매월 이자를 지급받을 수 있다. 발행어음은 30일 이내의 단기 여유자금 투자에 있어 최고의 금리 경쟁력을 갖고 있다.

RP: RP는 "repurchase agreement"의 약어로 환매조건부 채권이라고 한다. RP는 증권사 보유 우량채권을 재환매를 조건으로 판매하는 상품으로 전형적인 시장 실세금리형 단기 금융상품이다.

● 회사채 신용등급에 따른 내용

AAA	원리금 지급이 최상급임
AA	원리금 지급 능력이 매우 우수하지만 AAA 등급보다는 다소 낮음
A	원리금 지급 능력은 우수하지만 상위 등급보다 경제여건 및 환경 악화에 따른 영향을 받기 쉬운 면이 있음
BBB	원리금 지급 능력은 양호하지만 상위 등급에 비해서 경제여건 및 환경 악화에 따라 장래 원리금의 지급 가능성이 낮아질 가능성이 있음
BB	원리금 지급 능력은 양호하지만 등급에 비해서 경제여건 및 환경 악화에 따른 영향을 받기 쉬운 면이 있음
B	지급 능력이 부담되는 투기 등급이며 불황 시에 이자 지급이 확실치 않음
CCC	원리금 지급에 관하여 현재에도 불안요소가 있으며 채무 불이행의 위험이 커 매우 투기적임
CC	상위 요소에 비하여 불안 요소가 더욱 큼
C	채무 불이행의 위험성이 높고 상환 능력이 없음
D	채무 불능 상태임

※ 회사채 신용등급은 총 18등급이다. AA 등급에서 BB 등급까지는 +, − 를 기호를 붙여 등급을 분류하기 때문이다.

다. 채권은 발행주체의 신용등급에 따라 다양한 금리의 상품이 있다. 그중 대표적인 것이 기업이 발행하는 회사채다. 회사채의 경우 AA등급의 투자안정성이 보장되는 우량기업 발행 회사채 금리가 은행금리로 환산해 6%에서 7%의 수익률을 보장한다.

채권의 신용등급은 18등급으로 나눠진다. 발행기업의 신용등급에 따라 채권 발행금리는 달라진다. 은행이 우량고객에게는 금리를 우대해 준 것과 마찬가지로 신용등급이 떨어지는 기업일수록 발행하는 채권(회사채)에는 가산금리가 추가되어 금리가 높다.

일반적으로 증권시장 내에서 거래되는 채권은 BBB¯등급 이상의 신용등급을 가진 채권이다. 일반적으로 BBB¯등급 이상의 신용등급을 가진 채권을 투자 적격 채권으로 부른다. 채권투자에서 BBB¯보다 신용등급이 낮은 채권은 투자 위험도가 크게 높아진다. 높은 위험이 높은 수익을 보장한다는 말은 채권 투자에 적용되는 말이다. 물론 안전성은 배제하고 기대 수익률만을 놓고 볼 때 말이다.

2012년 1월을 기준으로 BBB~AA 등급의 회사채 수익률은 은행 환산 수익률로 4.6%에서 8.2% 수준이다.

실질금리 제로시대가 도래하고 안전자산에 대한 선호가 커지면서 채권, 주식연계채권이 투자시장에서 관심이 커졌다. 심지어, 유럽 재정위기로 유로존 국가의 국채금리가 뛰면서 국외 채권투자뿐 아니라 달러, 스위스 프랑 등 통화에 대한 투자 관심도 부쩍 늘었다. 그러나 이들 투자수단은 환율이 투자에 미치는 영향력이 매우 크고 세계 금융 위기의 행방을 점칠 수 없다는 현실적 어려움으로 더 큰 위험을 초래할 수 있다.

유로존 국가들의 재정 위기가 계속되고 있고 경제에 미치는 영향이 큰 유가, 원 달러 환율의 변동이 심한 상황에서 안전자산에 대한 투자는 채권으로 끝내는 것이 그나마 안정성을 보장받으면서 은행 정기예금의 2배 정도는 보장받는 투자 전략이다. 여기서 더 바라는 것은 욕심이다.

TIP

고수익 투자상품 유동화 증권, 후순위채권을 알면 돈이 보인다

1. 유동화 증권

채권투자도 익숙지 않은데 유동화 증권은 또 뭐야라고 할 사람이 있을 것이다. 그러나 알고나면 유동화 상품도 채권처럼 우리 일상생활에서 익숙한 상품이다.

유동화 증권이란 기업이 받지 못한 매출채권, 금융회사의 대출금, 리스채 등의 각종 채권을 기초자산으로 해서 발행되는 증권이다.

유동화 증권(ABS)은 "Asset Backed Scurities"의 약어로서 "자산 담보부증권"이라고 불리어 왔으나 1998년 "자산 유동화에 관한 법률"이 제정되면서부터 "자산 유동화 증권"으로 바꿔 부르고 있다. 이를 일반적으로 유동화 증권이라고 한다.

ABS에는 주택 저당권 유동화 증권(MBS) 이외에도 투기 등급 수준의 채권을 담보로 해서 발행되는 CBO(채권 담보부증권), 은행의 대출채권을 묶어서 이를 담보로 발행되는 CLO(대출채권 담보부증권) 등이 있다. 유동화 증권에 대한 매물 검색, 수익률 현황 등의 투자정보는 대형 증권사의 홈페이지에서 확인할 수 있다.

2. 후순위 채권

후순위 채권은 말 그대로 발행 금융회사 파산시 예금자 보호가 안 되며 잔여 채권에 대해서도 마지막으로 청구권을 갖는다.

그럼에도 후순위 채권에 시중 자금이 몰렸던 이유는 저축은행이 주로 발행한 후순위 채권의 금리가 정기예금의 두 배가 되고 매월 이자를 지급하는 이표채 이자 지급방식이므로 생활 자금을 필요로 하는 고령의 은퇴자에서는 매우 매력적인 상품이었기 때문이다. 그러나 저축은행이 연이어 도산하고 후순위 채권투자자가 원금을 돌려 받지 못함에 따라 후순위 채권이 고금리 상품임은 분명하나 예금자 보호가 안 되고 발행기간이 5년에서 7년으로 장기이며 중도에 환매가 불가능하다는 사실을 뒤늦게 알게 된 사람이 많다. 따라서 후순위 채권에 투자할 경우에는 반드시 발행 금융회사의 재무건정성을 꼭 체크한 후 투자해야만 한다.

당신이 속고 있는
재테크 불편한 진실 23가지

목돈 투자로
생활 자금 마련하는
투자의 기술

당신이 속고 있는 재테크 불편한 진실 23가지

목돈 투자로 생활 자금 마련하는 투자의 기술

"이미 많은 베이비붐 세대들이 조기 은퇴했으며, 잠재적 실업군에 포함되어 있다. 자연 수명은 계속 늘어나는 데 비해 당장 쓸 생활 자금은 손에 쥔 것이 없으니 답답한 노릇이 아닐 수 없다."

퇴직 이후의 생활을 준비하는 사람 이미 퇴직해서 은퇴 후의 생활을 하고 있는 사람 모두에게 목돈 투자로 생활 자금을 만드는 것은 매우 절박한 문제다.

노후의 생활 자금 마련에 대한 재테크 문제가 절박해진 이유는 두 가지로 생각해볼 수 있다.

첫째, 우리나라에는 노후 생활에 대한 안전망이 없다.

우리나라의 사회복지 예산은 OECD 국가 중 터키 다음으로 낮다. 이제야 이 문제에 우리 사회가 관심 갖기 시작했다. 그럼에도 의견이 분분하다. 보편적 사회복지가 정착되기까지 많은 시간이 필요하다. 따라서 여전히 노후 생활은 개인이 책임질 수밖에 없다.

유럽의 노동자는 은퇴 후에도 임금피크 시점의 80% 이상을 노후연금으로 받는다. 유럽의 노인들은 은퇴 후 현역 때보다 더 풍요로운 생활을 한다. 호화 크루즈 선을 타고 세계를 유람하는 사람 중 가장 많은 사람이 유럽의 은퇴자 들이다. 젊었을 때는 일하느라고 할 수 없었던 여행을 늙어서 하게 된다.

유럽의 재정 위기가 방만한 사회복지에 원인이 있다고 보수언론에서는 연일 떠들어 댄다. 이 말이 가당치 않은 것이 우리의 복지 예산은 그들 나라의 3분의 1도 안 되는 수준이다. 보수 우파정권이 집권하던 프랑스의 육아복지 예산은 우리나라의 50배였다.

아무튼 우리는 은퇴 연령이 자연 수명이 늘어나는 것에 비해 짧아지고 있다. 그동안 자식들 교육시키고 시집, 장가보내고 나니 수중에 남은 돈도 없다. 어떻게 해야 그 길고 긴 인생의 2막에 해당되는 노후 생활을 할 수 있을까. 우리의 고민이 깊어질 수밖에 없는 이유다.

두 번째, 한국 베이비 붐 세대의 본격적 은퇴.

소위 한국형 베이비 붐 세대에 해당되는 1955년에서 1964년생들이 2012년부터 본격적인 은퇴 대열에 합류한다.

이미 많은 베이비 붐 세대들이 조기 은퇴했으며, 잠재적 실업군에 포함되어 있다. 자연 수명은 계속 늘어나는 데 비해 당장 쓸 생활 자금은 손에 쥔 것은 없으니 답답한 노릇이 아닐 수 없다.

금융회사만 신나 있다. 이 시장은 황금 노다지 시장이다. 금융회사는 이 시장을 차지하기 위해 전력투구하고 있다.

그러나 이렇게 해서 쏟아져 나오는 노후 준비 상품이 정작 노후에 도움이 안 된다. 이 문제를 어떻게 풀어야 할까?

[당신의 노후를 망치는 투자는 하지 말자]

말 그대로다. 우리가 일상에서 접하는 많은 상품 중에는 우리의 노후를 망치는 상품이 대부분이다. 이 상품에 투자하지 않는 것만으로 절반의 성공이다. 그렇다면 우리의 노후를 망치는 노후 상품은 어떤 것이 있는가. 이것부터 알아보는 것이 순서다.

(1) 금융회사에만 일방적으로 유리한 금융상품에는 투자하지 마라

여기에 해당되는 대표적 상품이 변액보험, 펀드, 저축성 보험이다. 이른바 저금리 시장의 투자대안이 된다는 투자형 상품이 나왔을 때 기대는 컸다. 그러나 이 상품들이 판매를 시작했던 1990년대 후반부터 최근까지의 이들 상품의 투자 레코드를 봐라.

2011년 유럽 재정 위기로 시장이 매우 불안정한 것을 감안해도 이머징 마켓 펀드의 수익률이 −15%였다. 수수료를 내고 투자한 사람만 바보 만들었다.

정당하게 운용 보수를 받아먹었으면 그 값을 하는 게 맞다. 그러나 국내에서 주식형 펀드는 시장 평균수익률보다도 낮다. 투자형 보험이라는 변액보험은 그 간의 행적 때문이라도 시장에서 판매되지 말아야 하는 상품이다. 투자형 상품이라는 것이 이익은 내지 못하고 투자자에게 손실의 고통만을 안겨 주었다. 아마도 이 상품이 존재하는 이유는 보험사에게는 가장 많은 이익을 안겨 주기 때문이지 다른 이유가 없다.

이런 불공정한 금융상품에 당신의 생명줄 같은 돈을 맡기면서 경제적으로 여유 있는 노후 생활을 꿈꾸는 것은 어리석다.

(2) 실질 수익률이 최소한 물가는 넘어야 한다

안전 자산에 대한 의미를 다시 생각해보기 바란다.

안전 자산의 첫번째 조건은 뭐니 뭐니 해도 원금 보장이다. 그렇다면 실질 수익률이 마이너스 상품을 안전 자산이라고 할 수 있는가? 이 기준에서 보면 연금 상품은 안전 자산이 아니다. 은행 정기예금도 세후 수익률이 3% 수준이다. 안전 자산에 투자했다고는 하지만 실질 수익률로 보자면 마이너스 수익률이 발생한 것이다. 안전 자산에 대한 개념을 바꾸기 바란다. 이런 금융상품은 투자기간이 길어질수록 기회 손실도 커진다. 우리는 이런 말을 곧잘 한다. 정기예금은 금리가 낮아도 투자 원금이 보장되기에 하는 것이라고. 그러나 이 결과가 당신의 가처분 소득을 도둑 맞는 일이라면 다시 생각해봐야 하는 것 아닌가? 그럼에도 이를 인정하지 않는 것은 매우 방어적이고 자기만족적 투자다.

(3) 집을 줄이고 유동자산 비율을 높여라

지금까지 집은 주거 공간이면서, 그 자체로 최고의 투자상품이었다. 적어도 부동산 버블이 꺼지기 전까지는… 주택시장을 주도했던 아파트는 2000년 초 이후 무진장 올랐다. 중상류층의 가처분소득이 급증하고 소득구조의 양극화가 심해진 것도 이 시기다.

한 나라에서 국민들의 부의 균형을 나타내는 지니계수가 최근 들어 악화됐던 이유도 바로 주택 지니계수가 악화된 데 원인이 있다.

집값 상승의 수혜가 특정 계층에 집중되는 사회는 야만적 자본주의 사회다. 성숙한 자본주의 국가에서는 상상도 못하는 현상이다. 대부분의 선진국에서는 집값 상승의 버블은 세금으로 대부분 환수한다. 집값 규제를 사회적 약자에 대한 보호라는 시각에서 바라본다.

독일의 경우 대부분 저렴한 임대료를 내고 장기 임대주택에 사는 것이 일반적이다. 월세도 마음대로 올릴 수 없다. 서민의 3중고 중에서 가장 고통스럽다는 집값이 안정되니 독일의 서민들의 생활조건은 우리보다 월등히 낫다.

앞으로 우리나라도 그런 방향으로 간다. 반드시 그렇게 가야 한다. 어쨌든 집값은 떨어진다. 특히 아파트 가격은 거의 전 지역이 떨어졌다. 그 결과 중대형 아파트는 돈 먹는 하마로 전락하기까지 했다.

그렇다고 주택시장이 끝난 것은 아니다. 독신 가구의 증가, 전세난으로 한국형 스튜디오 주택인 원룸, 오피스텔, 다중주택과 소형 아파트는 경제적 가치가 높아졌다.

특히, 소형 오피스텔은 소액으로 투자할 수 있는 유일한 수익성 부동산이다. 최근 경제적 가치가 커져 환금성도 높고 시세 차익도 가능하다. 따라서 중·대형 아파트에 사는 사람은 아파트를 줄여가서 남은 차액으로 소형 오피스텔에 투자해 생활 자금을 버는 것이 낫다. 은퇴를 이미 했거나, 곧 하는 사람에게는 그나마 고정적으로 소득이 보장되는 것이 임대소득이다. 금액이 얼마가 됐든 정기예금 투자보다 2배 이상의 소득이 보장된다. 여기에 국민연금을 합하면 여유자금도 없고 무직 상태에 있는 사람도 최소한의 경제생활을 할 수 있다.

독신 가구의 소득 수준에 비해 현재 임대료가 높은 수준이다. 투자하는 사람에게는 생활에 보탬이 되겠지만 월세를 내야 하는 서민 독신 가구에게는 무거운 짐이다. 이 문제는 서민의 주거 안정권을 확보해 사회 안전망을 보호하는 정책적 의지가 필요하다. 즉, 정부가 무주택, 독신, 서민층에 월세 일부를 지원해 주는 프로그램을 만들 필요가 있다.

이렇게 나가는 세금을 가지고 과세의 형평성, 역차별을 제기할 정도로 우리 국민 수준이 형편없지는 않다.

수익성 부동산도 환금성, 안정성, 수익성까지 갖춘다면 금융상품으로 적격이다. 굳이 투자의 경계를 스스로 구분짓는 일은 하지 말아라.

살고 있는 집을 기초 자산으로 해서 노후 생활 자금을 지급하는 상품이 있다.

많이들 알고 있을 것이다. "주택연금"이다. 상품명에 연금이라는 글자가 들어가면 현혹되는 분위기가 있는데 연금이라고 다 좋은 것도 아닐 뿐더러 금융회사에서 판매되는 연금은 해를 끼치기도 한다.

주택연금이 대표적이다. 말은 주택연금이지만 실상은 역모기지론이다. 주택을 담보로 저당권(모기지)을 설정하고 대출받는 상품이 모기지론이다. 쉽게 말해 주택연금은 주택담보 대출상품의 변종이다.

주택연금, 즉 역모기지론은 살고 있는 집을 담보로 제공하고 대출 가능액 범위 내에서 매월 일정액을 받아 생활 자금으로 쓰는 것이다.

이 상품은 역모기지론을 취급하는 은행·보험사에 절대적으로 유리한 상품이다. 일반대출과는 달리 대출금이 부분적으로 나가고 담보물건 중 최고로 치는 주택을 담보로 돈이 나가기 때문에 돈 떼일 염려도 크지 않다.

무엇보다도 집값이 하락하면 임의 처분도 가능하다. 이자도 시장금리 +알파다. 금융회사 입장에서 이보다 좋은 대출상품이 어디 있는가?

자신들 잇속만 챙기는 상품을 적당히 포장하고 언론을 통한 대중조작으로 불량 상품이 우량 상품으로 탈바꿈되는 것이 저질 금융상품의 마케팅전략이다. 뭐 할려고 역모기지론으로 대출받아 이자를 주면서까지 생활비를 마련하나?

역모기지론으로 받을 만한 주택이면 집을 줄여서 소형 평수로 이전하고 차액으로 소형 오피스텔에 투자하는 것이 훨씬 낫다. 그렇게 하면 투자에 의한 이전소득으로 생활을 하기 때문에 자산의 가치가 감소하지 않는다. 가격이 상승하면 시세 차익으로 오히려 자산이 증가한다.

투자하는 데 있어서 정답은 없다. 그러나 목돈을 가지고 하는 투자는 노후 생활을 준비하는 사람에게 있어서 생명줄 같은 돈이다.

매우 신중해야 한다. 여러분에게 정답을 말해 줄 수 있는 능력이 내게는 없다. 하지만 노후를 망치는 상품이 무엇이지는 말해 줄 수 있다. 절대로 목돈으로 노후 준비를 하려는 사람은 은행·보험사 상품에 의탁해서는 안 된다.

금융회사와 거래하려면 일시적으로 여유자금을 활용하기에 좋은 발행어음이나 고수익 우량 채권에 투자하면 된다. 괜히 고수익 욕심에 고위험 펀드에 투자했다가는 노후 생활이 롤러코스터 인생이 될 수 있다. 현재로서는 목돈 투자의 최적 상품으로는 한국형 스튜디오 주택에 투자해 임대소득을 노리는 것이 가장 낫다. 여기서 발생하는 임대소득으로 주식에 투자하더라도 일단은 그렇게 해서 자산 운용의 안전지대를 만들어가기 바란다.

다음의 그래프에 나오는 금융상품 중에서 안정성·수익성을 고려해 투자하기 바란다. 주식투자는 이들 상품에 투자한 뒤 발생하는 이전소득을 가지고서 해라. 이렇게 하면 어떤 경우라도 투자 원금이 깨지는 일은 없다.

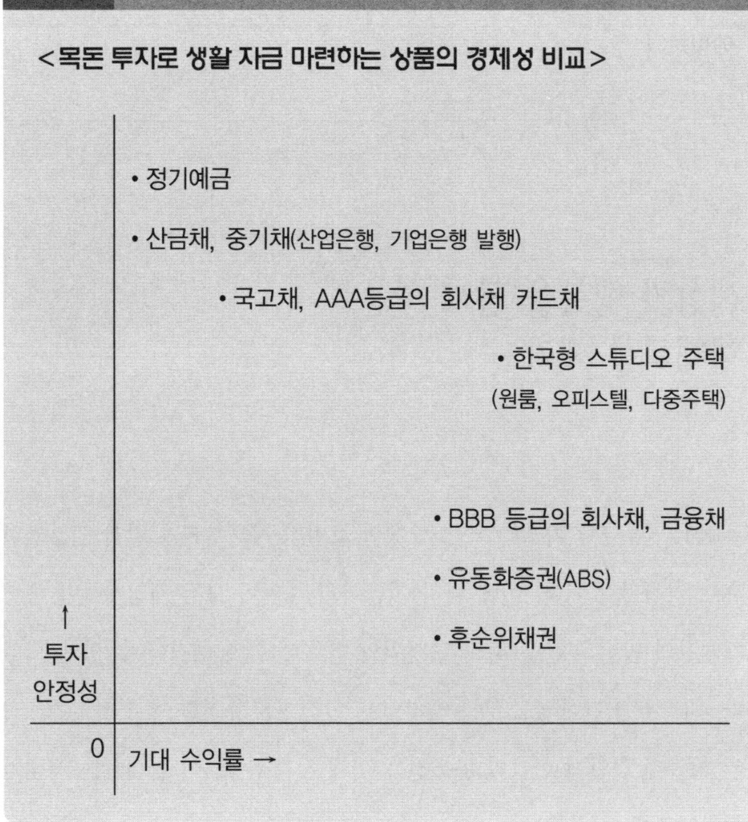

위 그래프 자료를 참조하면 우리가 노후준비 자금을 마련하기 위한 투자상품으로 지금 무엇을 선택해야 하는지가 명확히 나와 있다.

자신의 투자 성향, 투자 가능 금액에 다라 스스로 판단해 선택하기 바란다.

세상과 행복을 함께 하는
재테크를 해라

2012년은 우리가 그토록 소망했던 보편적 사회복지가 실시되는 원년으로 기록될 것이다. 이에 따라 지금까지 개인이 모두 책임져야만 했던 재테크의 많은 부분을 사회 구성원의 힘으로 함께 해결할 수 있게 되었다. 비로소 인간이 스스로를 생각하는 인간으로 규정한 호모 사피엔스라는 이름에 걸맞게 인간의 공동선을 위해 사회구성원이 함께하는 시대가 대한민국에 열린 것이다.

풀기 어려웠던 일이 이처럼 쉽게 매듭이 풀어지기 시작된 계기는 오세훈 전 서울시장 덕분이다. 오 전 서울시장이 선별적 무상급식 문제만 공론화시키지 않았다면 이 문제가 여론의 힘을 받기 어려웠을 것이다. 그런 면에서 그가 보편적 사회복지 논쟁의 물꼬를 텄다고 말할 수 잇다. 반동이 시대의 진보를 앞당긴 것이다.

오세훈 전 시장이 주장했던 선별적 무상급식은 안 하니만 못하다. 선별적 무상급식은 낙인효과로 인해 우리 아이들 특히 가난한 집의 아이들에게 큰 상처를 주는 행위다.

우리는 왜 복지 선진국에서 부자나 가난한 자나 똑같이 혜택이 주워지는 보편적 사회복지가 실시되는지를 성찰해봐야 한다. 저자가 매우 이해가 가지 않았던 점은 그 스스로가 미아리 달동네에서 자란 서민의 자식이라는 자가 어떻게 19세기 비스마르크 철권통치 시대의 독일 관료만도 못한 시각으로 세상을 보았는지….

자본주의는 태생적으로 모순을 갖고 태어났지만 현재까지 그 시스템이 유지되어 온 것은 자본가와 노동자가 투쟁하고 타협해서 인간사회의 최고 선을 공유해 왔기 때문이다.

현재 세계에서 가장 성공한 자본주의 국가 모델을 어느 나라로 보고 있나?

미국이 아니다. 세계화에 유연하게 대응하면서 보편적 사회복지를 실천하고 있는 스웨덴, 노르웨이, 핀란드, 독일, 덴마크 등의 북유럽 국가들이다. 이 국가들은 GDP대비 가장 많은 복지예산을 쓰면서도 이번 유로 존을 강타한 재정 위기에서도 굳건하게 경제 시스템이 정상적으로 작동하고 있다.

남유럽 국가들이 유로 존 재정위기의 직격탄을 맞은 것은 복지예산 때문이 아니다. 남유럽의 스페인, 이탈리아, 그리스는 국가총생산량에서 제조업에 비해 3차 산업 비중이 높은 나라들이다.

금융 위기로 인해서 관광 수요가 급감하고, 제조업 불황의 2중고로 불황의 타격이 어느 나라보다 컸다. 또 남부 유럽 국가들은 북유럽 국가와 비교해 부패가 만연하고, 세금 회피가 만성화된 나라들이다. 그러나 독일은 천문학적인 통일 비용을 지출했음에도 사회복지의 질을 후퇴시키지 않았다. 좋은 선례를 벤치마킹해도 시간이 모자라는 판에 왜 나쁜 사례를 가지고 시작도 하기 전에 보편적 사회복지 논쟁에 찬물을 끼얹는 것은 과연 누구를 위한 일인가?

우리는 이제 깨달아야만 한다. GDP가 성장하지 않으면 국민이 잘 살수 없다는 데마고그가 영혼 없는 사람들의 무지에서 나온다는 것을….

우리나라와 비교해 1인당 국민소득이 3분의 1에 불과한 중남미 소국 코스타리카는 요람에서 무덤까지라는 완전한 보편적 사회복지가 실시되고 있다. 우리 시각에서는 어떻게 저 가난한 나라에서 이런 보편적 사회복지가 가능할 수 있는가 하고 경이롭게 생각할 것이다.

이것이 국민소득이 낮은 코스타리카가 미국인 평균 수명보다 오래 살고 행복지수가 세계에서 가장 높은 나라가 된 이유다.

복지 선진국 핀란드에서 사회복지가 본격적으로 실시된 시기도 2차 세계대전 후 독일의 편에서 참전함으로써 막대한 전쟁 배상금을 물어 국고가 바닥나던 시점이었다. 이때 핀란드 정치 지도자는 "국민 복지에 대한 책임은 국가가 진다"는 의지를 실천해 나갔다.

그들은 이 과정을 통해 사회통합을 이루었고 이것이 기초가 돼서 오늘날 세계가 존경하는 복지국가가 되었다. 이것이 경제적으로 얼마나 효용성 있는 정책이었는가는 결과가 말해주고 있다.

최고 권력자가 국격 운운하는 나라에서 OECD 국가 중 사회복지 예산은 터키 다음으로 꼴찌이고, 아이들 밥 먹이는 것조차 예산 운운한다는 것이 말이 되는가? 이는 스스로 국격을 떨어뜨리는 행위다.

기독교 우파 정당이 집권하는 독일에서도 니더작센, 프랑크푸르트 2개주를 빼고, 나머지 주에서는 대학 등록금제도가 철폐됐다. 그들의 시각에서는 사회복지는 이념적 논쟁거리도 안 된다. 이는 반드시 지켜야 하는 사회의 기초 토대로 인식하고 있기 때문이다.

"사람들이 일한 만큼 정당한 대가를 받는다면 경제가 산다." 전 브라질 대통령 룰라가 한 말이다. 실제로 그는 대다수 서민의 소득을 향상시켜 이들을 소비계층화함으로써 구매력 있는 중상층의 수를 늘렸다.

소득이 소수에게 집중되면 소비가 늘지 않는다. 소득 분포가 넓게 균형을 이룰수록 소비가 촉진되고 경기가 선순환된다. 실업자들을 위한 공공 일자리를 늘려 이들에게 돈을 지급하면 경제에 도움이 된다. 이들에게 수조 원 아니 그 이상의 돈이 지출된다고 해도 이 돈이 내수 시장의 경기

활성화에 도움이 된다. 또 이들을 방치함으로써 우리 사회가 짊어질 비용까지 감안하면 이것이 오히려 효용성 있는 선택이다.

이들이 일을 해서 돈을 벌어야 국가 재정의 원천이 되는 건강한 납세자가 늘고 시장 수요가 탄탄해진다. 바꾸어 생각하면 사회적 약자를 보호할 수 있는 방법은 얼마든지 있다.

약자에게 베풀어도 국내의 총수요량은 똑 같아진다. 국외로 유출되지도 않는다.

현재 최저 임금이 4,580원이다. 이 돈을 받고 하루 8시간 20일을 일하면 729,600원이다. 현재의 최저임금에서는 주 6일에 야근 잔업을 다해도 한 달에 130만 원 벌기 힘들다.

이 정도 경제 수준의 나라에서 자국 노동자를 이처럼 대우하는 나라는 지구상에 없다. 있다면 그 나라는 스스로 근대 자본주의 국가임을 부정하는 것이다.

유럽은 사람 값이 비싼 사회다. 인간의 노동을 효율성으로만 따지지 않는다. 그들의 철학적 관점은 "보람과 가치를 느끼기 힘든 일에는 약자에게 시키지 않으며 몰아주지도 않는다는 것이다. 북유럽 국가들은 육체노동자에 대한 보상이 크다는 공통점이 있다.

우리나라에서는 많은 생산직 노동자가 21세기에도 중노동을 해서 받는 임금으로 저축도 못 한다. 먹고 살기에도 빠듯하다.

최저 임금을 높이는 것만큼 경제적 불평등을 줄이는 방법이 없다. 최

저 임금제는 노동력 착취를 막고 노동환경을 개선시켜 빈곤을 없애는 소
득 재분배의 효과가 있다.

최소의 비용으로 사회안전망을 확보하는 경제적 행위다. 문제는 우리
나라의 최저 임금이 너무 낮아 빈곤의 악순환을 야기시킨다는 점이다.

왜 우리의 눈에는 부자에게 쓰는 돈은 투자이고 가난한 사람에게 쓰는
돈은 비용으로만 생각하는가? 한 국가의 소득의 격차는 거의 모두 잘못
된 임금구조에서 출발한다.

생산직에서 일해도 이에 합당한 임금이 지급된다면 젊은이들이 생산
직이라서 일을 마다하겠는가? 노동을 통해서 이에 합당한 임금이 지급되
면 생산직이라서 기피하지 않는다.

자꾸 젊은이들이 중소기업은 일자리가 부족함에도 편한 일자리만 찾
는다고 비판하지 말아라. 소위 3D 업종에 가서 육체적으로 힘든 일을 하
는 노동자에게 이에 합당한 임금을 지급해 노동을 통하여 저축할 수 있고
미래에 잘 살수가 있다는 희망이 있다면 누가 이를 기피할 것인가? 양지
만 걸어온 인간에게는 그들의 고통이 배부른 소리로만 들리나 보다.

이렇게 불평등한 임금구조가 발생한 원인을 개혁할 생각은 안 하고 그
피해 당사자만 몰아 붙이는 것은 기성세대가 할 소리가 아니다. 이 불평
등한 임금구조를 만든 당사자가 바로 기성세대이기 때문이다.

덴마크에서는 '불행한 의사보다 행복한 청소부가 낫다' 라는 말이 있
다. 의사는 직업적 스트레스가 많은 반면, 임금은 생산직 노동자와 별 차

이가 나지 않는 나라가 덴마크다.

덴마크에서는 직업으로 인해 인간의 존엄성을 다치게 하는 사회 풍토가 없다. 덴마크 부모들은 아이들의 진로에 간섭하지 않는다. 무슨 일을 하든 정당한 노동의 대가가 주어지고 인간의 존엄성이 존중받는 사회이기 때문이다.

대학을 나오지 않아도 차별받지 않는 사회 풍토는 대학을 자녀들이 선택할 문제로 생각하지 부모가 이에 간여하지 않는다. 대학을 많이 가는 것을 탓하기 전에 대학을 가지 않아도 잘 살 수 있는 사회를 만드는 것이 우선 되어야 할 일이다. 학벌로 정규직·비정규직으로 사람을 차별하는 사회에서 무엇을 기대할 수 있는가?

나는 재테크 책을 쓰고 있다. 따라서 무엇이 사람을 행복하게 하는 재테크인가를 고민해야 한다. 우리가 재테크를 하는 목적은 단순히 돈을 많이 버는 것이 아니라 행복하게 잘 살기 위해서다.

한번 생각해보자. 이런 사회에서 유물론적으로 돈이 많다고 행복하다고 할 수 있는가? 그리고 우리가 현실적으로 부딪치고 있는 노후 생활, 육아, 교육, 실업, 대학 등록금 등이 개인이 해결할 수 있는 문제들인가?

문제를 영구적으로 해결하는 방법이 무엇인가?

개인의 능력으로는 한계가 있다. 또 우리는 언제든 경제적 파산자가 될 수 있다. 경쟁 사회에서는 승자가 있으면 패자가 있는 법이다.

내가 가난한 처지에 빠져 일시적이나마 경제적 능력을 상실하면 누가 내 가족의 생활을 책임지겠는가? 바로 사회 공동체가 해야 한다. 이때 누가 마중물의 역할을 해주면 재기하기도 싶다. 이 역할을 하는 것이 사회복지다.

그래서 사회복지가 살아 숨쉴 때 개인의 재테크는 더 행복할 수 있다고 말을 하는 것이다.

이 책을 통하여 저자만 아는 특별한 재테크 기술을 기대했다면 독자 여러분에게 사과드리고 싶다. 내가 아무리 전문적 지식이 많다고 해도 그 지식이 독자 여러분을 행복하게 만들어 주지도 못할 뿐더러 부자로 만들어 줄 수도 없다.

나는 이제 우리 모두가 행복해지기 위해서 무엇을 어떻게 해야 하는지를 고민할 시점이라고 생각하고 있다. 다행히 사회적으로 자본주의 사회에서 개인의 행복추구권을 제도적으로 보장하는 보편적 사회복지의 문제가 늦은 감은 있지만 공론화되고 있고, 실질적 결과물이 하나, 둘씩 눈에 보이기 시작하고 있다.

세상에 모든 일이 다 그러하듯이 처음 가보는 길은 항상 두렵다. 그러나 이 길만이 우리 모두를 행복하게 하는 길이라면 어떤 고난이 와도 가야만 한다.

지천명의 나이 50을 넘다보니 참 세상 사는 것이 별 것 아니라는 생각이 든다. 지나고 생각해보니 무엇을 위해 그렇게 아둥바둥 살았는지를 모르겠다. 세상의 경쟁과 속도에 치여 정작 나는 행복한 인생을 살지 못한 것 같다. 아니 행복이 무엇인지도 모르고 살았다는 말이 정확한 표현일 것이다.

　독자 여러분의 인생살이는 어떻습니까? 지금 행복하십니까? 행복하지 못하다면, 이제라도 세상의 무거운 짐 함께 나눠지고 같이 행복하게 삽시다. 부족한 저의 글을 끝까지 읽어주셔서 감사합니다.

저 자 박 연 수

■ 저자 박 연 수

- 서울 출생
- 서울사대부중, 동대부고, 경기대 회계학과, 성균관대 국제통상대학원, 서강대 경제
  대학원 석사과정, 서울대 최고산업전략과정(AIP24기) 수료
- 해군 중위 만기전역
- 제일저축은행 법인영업부, 신영재무컨설팅 대표, (주)DMC 대표이사,

● 강의 및 언론 활동

- 국민은행, 산업은행, 외환은행, ING 생명, 삼성전자, 삼성화재, 현대중공업, 현대백
  화점 문화센타, 포스코 외 다수 대기업 및 금융회사에서 강의
- KBS, MBC, SBS, CBS 외 다수 방송출연
- 한경 비즈니스, 이코노미스트 고정 컬럼

● 주요저서

- 쌈지 돈 굴리는 데는 금융상품이 최고다(현대미디어)
- 체계바라식 경영(디지털 머니 캡) 외 다수

저자는 군에서 제대하자마자 2금융권 법인 영업부에서 사회생활을 시작했다. 90년대 초반의 한국 금융시장은 합법을 가장한 불법이 판을 치는 아수라장이었다. 80년대 대학 생활을 한 사람에게 90년대의 금융시장의 영업환경은 약탈적인 자본에 자신의 영혼을 팔아야만 하는 수치스러운 일이었다.

지금도 그 흐름은 계속되고 있다. 다른 점이 있다면 약탈구조가 조직적으로 촘촘해지고 정교해졌다는 점이다.

저자는 금융자본이 일방적으로 정보를 독점하는 국내 재테크 시장에서 누군가는 시장의 객관을 말해야 한다는 사명감으로 이 책을 썼음을 독자 여러분에게 밝혀두는 바이다.

당신이 속고 있는 재테크 불편한 진실 23가지

인쇄일   2012년 06월 20일 초판인쇄
발행일   2012년 06월 25일 초판발행

저자명   박연수
발행인   황인욱
발행처   圖書出版 오래

주 소   서울특별시 용산구 한강로 2가 156-13
전 화   02-797-8786, 8787, 070-4109-9966
팩 스   02-797-9911
이메일   orebook@naver.com
홈페이지 www.orebook.com
출판신고번호   제302-2010-000029호.(2010. 3. 17)

ISBN   978-89-94707-59-4

가 격 12,500원

◆ 파본 및 잘못 만들어진 책은 교환해 드립니다.
◆ 이 책의 무단 복제행위를 금합니다.
◆ 저자와 협의하여 인지를 생략합니다.